PÉDRO

Y^2

et vous m'avez sauvé, s'écrie Louis

PEDRO.

et vous m'avez sauvé, s'écrie Louis.

I. Lefort à I.R.

PÉDRO

Par l'auteur de Bruno.

LILLE

L. LEFORT, IMPRIMEUR - LIBRAIRE.

1851.

PÉDRO

I

Une famille flamande.

Dans une ville maritime de la Flandre française, vivait en 1780 une famille patriarcale que la mort avait décimée et dont la fortune s'était évanouie. Néanmoins les membres dont cette famille était encore composée ne laissaient pas de trouver, dans leur affection réciproque, leur piété sincère et la simplicité de leurs habitudes, des éléments de bonheur.

Une femme sexagénaire, et veuve depuis long-temps, était actuellement le chef de cette famille. Marcien, son fils aîné, après avoir été quelques années établi dans le pays, frappé cruellement dans ses affections comme époux et comme père, avait renoncé à toute poursuite de fortune et d'avenir pour se réunir à sa mère, et consacrer à Dieu les loisirs que lui créait sa séparation du monde et des affaires. Mme Vandenberghe (c'était le nom de la respectable veuve) avait un autre fils absent, mais dont le souvenir et l'attente marquaient la place au foyer domestique ; et Camille, jeune fille de dix-huit ans, était le dernier fruit du mariage béni de cette mère, dont plusieurs autres enfants étaient allés de bonne heure préparer la place auprès de Dieu.

La maison occupée par la famille Vandenberghe était beaucoup trop grande pour le
nombre et la manière de vivre de ses habitants ; aussi la plupart des appartements en
étaient-ils constamment fermés. Depuis douze
ans qu'avaient eu lieu des fêtes, à l'occasion
du mariage de Marcien, les salons ne devaient plus s'ouvrir que pour le mariage fort
problématique de Louis, son frère absent,
ou bien celui de Camille, dont il était encore
moins question. Une *salle* et un cabinet de
travail, donnant sur une rue fort déserte,
formaient avec la cuisine et une pièce ser-
vant d'oratoire, la seule partie habitée du
rez-de-chaussée. L'ameublement était partout antique et sévère; les rideaux de lit
et les portières en serge verte, luxe d'autrefois, formaient avec quelques meubles de
dévotion le seul ornement des chambres à
coucher; mais partout régnait une exquise
propreté, et les planchers, qui étaient d'un

blanc merveilleux, eussent fait envie aux habitants des plus somptueux hôtels de Paris.

La simplicité du costume de ces dames était en harmonie avec leurs autres habitudes. La pieuse veuve ne quittait pas le demi-deuil, et la jeune Camille, pour porter quelquefois des couleurs plus riantes, n'en était pas moins vêtue avec une grande modestie. Sa jeunesse, sa grace ingénue et mille qualités attachantes, que la piété la plus pure avaient développées dans la retraite, offraient en elle un charme auquel l'élégance n'aurait rien ajouté.

L'éducation de Camille était en grande partie l'ouvrage de sa mère et le résultat des bonnes traditions de la famille; mais son frère Marcien y avait mis la dernière main, s'étant beaucoup occupé de cette enfant depuis qu'elle et sa mère étaient devenues les uniques objets de sa sollicitude sur la terre. Peu instruite elle-même, comme l'étaient les

femmes de son âge dans cette province,
Mᵐᵉ Vandenberghe n'avait pu donner à sa fille
que des leçons et des exemples de vertu ainsi
que d'économie domestique. Marcien s'était
attaché à orner l'esprit de Camille, sans
altérer sa candeur, et il avait développé sa
sensibilité, sans exalter son imagination.
Dieu, la famille et les pauvres suffisaient au
cœur de la jeune fille. Elle ne concevait pas
d'autres plaisirs que les fêtes de l'Eglise, cé-
lébrées avec tant de pompe dans cette pieuse
contrée, des lectures soigneusement choi-
sies et d'affectueux entretiens. N'ayant pas
été en pension, elle n'avait guère de jeunes
compagnes; mais elle savait se plaire dans
les entretiens des personnes âgées qui visi-
taient sa mère.

Ceux qui ont beaucoup vécu n'ont-ils
pas plus que d'autres mille choses intéressantes à raconter? La jeunesse parle le plus
souvent de ses illusions et de choses frivoles.

La vieillesse n'avance que des faits éprouvés,
des vérités approfondies, et si les vieillards
sont enclins à se répéter, leurs leçons ne se
gravent que mieux dans la mémoire.

Voilà ce que répondait gaîment Camille
aux jeunes étourdies qui la plaignaient de
ce qu'elles appelaient la monotonie de son
existence.

Quelques soins du ménage, la prière et
la lecture se partageaient ses matinées; la
culture de quelques fleurs, ses récréations.
Puis une énorme corbeille de linge à ses
côtés, elle travaillait pour les pauvres et les
autels durant les longues heures de l'après-
dîner, travail interrompu quelquefois par la
visite de vieux amis. Les dimanches, après
les longs offices, un peu de promenade ou
une partie de *jaquet*, venait faire diversion
aux travaux de la semaine.

Et pourtant Camille était heureuse; Camille chantait une partie de la journée et

n'avait jamais soupiré qu'au récit des malheurs de sa mère et de Marcien ; ce dernier
enveloppait ses profonds chagrins de résignation et de silence, et les souvenirs que
Mme Vandenberghe se plaisait à retracer n'é-
taient pas sans consolation et sans douceur.

Un seul désir faisait battre le cœur de
Melle Vandenberghe, celui de connaître un
jour ce frère Louis qu'elle voyait tant chérir
et dont elle n'avait qu'un souvenir des plus
confus parmi les nuages de sa première enfance.

II

Louis Vandenberghe.

IL y avait dix ans que Louis Vandenbergue avait quitté son pays et sa famille. Un caprice de jeunesse avait déterminé cc départ. A peine sortant de l'adolescence, il avait rêvé une alliance disproportionnée à sa position dans la société. Sa prétention n'avait pas été accueillie, pour le seul motif qu'il était sans fortune et sans état.

A l'âge de vingt ans, nous croyons éternels les sentiments qui nous occupent, et nous comptons sur une égale constance. Les obstacles surprennent et irritent, mais ne paraissent pas insurmontables, parce que nous n'avons pas encore expérimenté les difficultés de la vie.

. En apprenant la seule objection qui détruisait ses espérances, Louis avait pris l'énergique résolution de s'expatrier pour tenter la fortune, puisqu'elle était l'unique moyen de parvenir au but de ses vœux. Le pauvre enfant! il croyait qu'il suffisait de vouloir et de travailler pour réussir, et que cette fortune qu'il se décidait si facilement à poursuivre répondrait aussi facilement à son appel. Deux ou trois ans paraissaient à son impatience un terme plus que suffisant pour exécuter quelques opérations commerciales dont il se promettait un grand résultat. Il espérait, au bout de ce temps, revenir possesseur de grandes richesses et lever ainsi l'obstacle qui s'opposait à ce qu'il appelait son bonheur.

Toute objection des gens sensés, et de

son frère entre autres, lui paraissait une
pusillanimité indigne d'un grand courage.
Si son père avait vécu, peut-être Louis eût-il
cédé au respect de son autorité en même
temps qu'aux conseils de son expérience ;
mais quoiqu'il eût la même vénération pour
sa mère, il ne la croyait pas compétente en
cette affaire, et sa tendresse maternelle
même était précisément ce qui rendait à son
fils ses représentations suspectes. Ses pleurs
et ses prières ne furent pas plus écoutés, et
le jeune homme, ne se fiant qu'à ses projets
et à son courage, s'obstina à vouloir s'éloigner, malgré sa mère désolée qui lui donna
néanmoins sa bénédiction. Il partit avec une
pacotille qui devait être le noyau de la ri-
chesse espérée.

Néanmoins les premières nouvelles qu'on
en reçut, datées de la Guadeloupe, expri-
mèrent quelques mécomptes ; les suivantes
furent encore plus tristes, car déjà tant de

personnes avaient pris la route des colonies,
que l'on n'était plus au temps où il suffisait
de s'y établir pour faire fortune ; d'ailleurs,
l'inexpérimenté Louis fut dupé par des intri-
gants, et enfin sa famille finit par demeurer
dans une complette ignorance de son sort.

Quels reproches se fit alors la malheureuse
mère, comme si elle avait pu empêcher son
fils de partir ; quelles douleurs, quelles in-
somnies en pensant à ce fils qui, peut-être
en ce moment, périssait victime de la misère
à laquelle il s'était exposée par son entê-
tement et son imprudence ! Elle n'avait que
trop sujet de craindre de ne plus le revoir,
car il était résulté des perquisitions qu'elle
avait fait faire que Louis avait dû quitter la
Guadeloupe et qu'on ignorait ce qu'il était
devenu.

Avait-il donc péri dans cette dernière traversée, ou quelque mauvaise honte l'empê-
chait-elle de faire part à sa famille du fâcheux

résultat de ses essais qu'on lui avait tant
déconseillés? Cette dernière supposition , vu
la fierté de son caractère , n'était pas la moins
probable. Elle se changea en certitude lorsque , quatre ans après le départ de Louis ,
un capitaine de sa connaissance , l'ayant rencontré à la Louisiane dans une position des
plus misérables , voulut en vain l'engager à
revenir avec lui pour le rendre à sa famille.
L'opiniâtre jeune homme déclara qu'il voulait
mourir loin de sa patrie , s'il ne devait y
revenir avec d'heureux succès.

Voyant cette tenacité , le capitaine cessa
d'insister, et chercha de quelle autre manière
il pourrait obliger un compatriote , dont il
avait connu le père et dont il estimait fort
toute la famille. Il lui procura quelque argent sous la forme de prêt , pour ne point
blesser sa susceptibilité; et , avant de quitter
le pays , le mit en rapport avec des personnes qui pouvaient lui procurer des moyens

d'existence. Louis ne manquait pas de divers, talents; les épreuves avaient commencé à mûrir son expérience. Il avait surtout cette force de volonté qui doit triompher tôt ou tard des difficultés. Le capitaine le quitta, persuadé qu'il l'avait placé sur la voie de la prospérité et qu'il saurait y atteindre.

Ces nouvelles furent un baume salutaire pour le cœur blessé d'une mère et les plaies alors récentes de Marcien. Bien qu'ils doutassent encore de la réunion promise, ils ne la regardaient plus comme impossible. Pour Mme Vandenberghe, le seul bonheur qu'elle demandait encore pour elle en ce monde, c'était d'embrasser, avant de mourir, cet enfant prodigue tant regretté.

Le capitaine avait été porteur d'une lettre de Louis qui respirait l'amour filial le plus tendre. Depuis ce temps, soit que ses lettres subséquentes se fussent égarées, soit parti pris, peut-être, de ne plus donner de ses nouvelles avant d'en avoir de très-bonnes à annoncer, sa famille était retombée dans l'incertitude sur sa destinée.

Mme Vandenberghe passait de longues heures en prières ; elle ne cessait de recommander cet enfant chéri à son saint patron, aux anges et à la Mère des suprêmes douleurs, qui avait pleuré sur son divin Fils. Marcien, Camille et la vieille bonne qui avait élevé Louis, se joignaient à elle et confondaient avec les siennes leurs prières et leurs espérances. Alors le calme rentrait dans leurs cœurs ; leurs fronts reprenaient une douce sérénité, et l'on voyait encore quelque gaîté, fruit de la foi et de la confiance, renaître dans cette maison chrétienne.

III

La lessive. La mère du mousse.

UNE des plus importantes occupations des ménagères dans la plupart des villes de Flandre est ce que l'on appelle la *lessive*. Dans les maisons tant soit peu aisées, elle ne se fait qu'une ou deux fois l'an, et dure au moins quinze jours ou trois semaines.

Le luxe des Flamandes, même d'une aisance médiocre, consiste à posséder assez de linge pour ne pas le faire blanchir plus souvent.

Après avoir été savonné par les blanchisseuses, ce linge, étendu sur les prés pendant quelques jours, et continuellement arrosé, acquiert une blancheur éclatante qui dispense de l'emploi des eaux de javelle et autres ingrédients corrosifs qui, à Paris, détruisent si vîte les meilleurs tissus.

Ces tapis blancs, artistement disposés dans les campagnes offrent, avec la fraîche verdure, un harmonieux contraste qui réjouit l'œil du voyageur autant que les toits rouges et la netteté des beaux villages de Flandre.

Quand le linge est séché et rentré, les opérations qui lui restent à subir sont exclusivement le partage des dames. Il s'agit de le visiter, raccommoder, détirer, repasser. Une seule famille n'y peut pas suffire; le détirage, surtout, exige l'effort de beaucoup de bras; c'est alors qu'on réclame les bons offices de ses voisines, à charge de leur rendre le même service. Les lessives

sont donc des motifs de réunions : réunions
laborieuses, mais non moins agréables. On
y est entre amies et connaissances intimes ;
on y charme le travail par de gais propos,
d'intéressantes anecdotes. Un repas confor-
table répare les forces des travailleuses, et
l'on voit de vieilles demoiselles pauvres,
certaines veuves isolées, invitées de fon-
dation à participer à toutes les lessives de la
ville, et heureuses d'occuper ainsi leurs loisirs, tout en faisant diversion à la médio-
crité de leur ordinaire.

Au milieu d'une grande cour tapissée de
vigne, de roses trémières, de pois mus-
qués et autres arbustes, objets des soins de
Camille, une nombreuse compagnie se dé-
lassait, en prenant la réfection des travaux de la lessive chez mesdames Vandenberghe. Les attentions de la mère et de
la fille, partagées entre toutes leurs hôtes,
s'adressaient encore plus volontiers à une

vieille femme, des plus humblement mises
et dont le grand âge n'annonçait pas qu'elle
dût être de beaucoup d'utilité dans la circonstance. C'était tout au plus, effectivement, si les doigts tremblants de Mitje pouvaient parvenir à ouvrir les cordons des taies
d'oreiller et des tabliers de cuisine. Mais
Mme Vandenberghe considérait moins l'avantage qu'elle pouvait recueillir de la part de
ses hôtes, que l'intérêt qu'ils méritaient et
le besoin qu'ils pouvaient avoir de sa bienveillance. Aussi sa maison était-elle plus
fréquentée par les humbles que par les
grands, par les pauvres que par les riches.

La vieille dont nous parlons avait une de
ces figures expressives qui aurait pu fournir
un modèle au pinceau de Rembrandt : ses
traits à la fois doux et accentués lui don-
naient une physionomie distinguée ; ses yeux
rougis et creusés témoignaient des larmes
qu'ils avaient dû verser, comme son ex-

cessive maigreur attestait de grandes privations. Elle portait sur tout son être quelque chose de triste et de recueilli, qui ex-
primait les pensées qui occupaient son âme.

C'était l'amour maternel et le sentiment
de sa fin prochaine qui dominaient la bonne
vieille. Elle regrettait son fils, un fils qu'elle
avait aimé avec passion, qu'elle avait gâté,
comme une veuve peut gâter l'unique enfant qui lui reste de tous ceux qu'elle a
élevés. Mais, comme il arrive souvent en
pareil cas, en vain avait-elle mis dans ce
fils idolâtré tout l'espoir de sa vieillesse,
lui s'était épris d'amour pour la mer, et,
peu docile à la voix de la nature et aux
supplications de la veuve désolée, il s'était
dès l'âge de quinze ans échappé de ses bras
pour aller courir les hasards de la vie de
marins. Trente ans s'étaient écoulés depuis
cette époque sans qu'Henderick reparût,
sans même qu'il donnât de ses nouvelles ni

qu'on pût avoir aucun indice sur son sort.

Tout portait à croire qu'il avait péri, et tout le monde en était sûr : Mitje, seule, ne voulait, ne pouvait pas se le persuader.

« Non, disait-elle, il n'est pas possible que mon fils, mon Henderick, pour lequel je vais chaque jour implorer, les bras en croix, *Notre-Dame des Dunes*, pour lequel j'ai dit tant de rosaires et versé tant de larmes, il n'est pas possible que je l'aie à jamais perdu; il reviendra, oui, il reviendra fermer les yeux à sa vieille mère : une voix intérieure me l'assure, tout me le confirme et j'attends cela de la bonté du Dieu que j'ai toujours servi. »

Chacun respectait l'illusion de cette pauvre mère, quoique personne ne partageât son espérance. Il aurait été trop barbare de la lui enlever; c'était comme le dernier souffle de sa vie et le seul soutien de sa frêle existence.

Dans l'attente et la persuasion du retour
de ce fils bien-aimé, Mitje, voulant lui
conserver le peu qu'elle avait pu sauver des
débris d'une aisance qui n'avait jamais été
que bien médiocre, s'imposait à elle-même
d'incroyables sacrifices, de peur de frustrer
cet héritier présomptif du patrimoine qui
lui restait encore et dont le revenu était
si extrêmement modique, qu'aucune créature
humaine n'en aurait pu vivre, excepté l'aus-
tère Mitje, que l'amour maternel rendait
ingénieuse à inventer des privations qui
paraissaient au-dessus de ses forces.

Sa modeste garde-robe avait souvent besoin de réparation ; mais depuis long-temps
ses yeux fatigués lui refusaient absolument ce
service, et c'était la bonne Camille qui s'é-
tait chargée de raccommoder les habits usés
de la vieille, lesquels n'avaient fait que
gagner à ce changement d'ouvrière. Mme Vandenberghe, honorant à la fois dans cette mère

une douleur analogue à la sienne ainsi que
son grand âge et sa pauvreté, l'admettait
volontiers à sa table et à son foyer ; mais,
soit discrétion, soit crainte de s'accoutumer
à un bien-être qui lui eussent rendu ses
autres privations trop difficiles , Mitje ne
profitait de cette facilité qu'avec une telle
réserve, qu'il fallait inventer des prétextes
et quelquefois lui faire violence pour l'y
déterminer.

IV

Causeries.

PENDANT que les ménagères, assemblées, s'étaient livrées aux soins d'économie domestique que nous avons mentionnés, elles avaient beaucoup devisé, et les commères les plus assidues à ce genre de réunions ne sont pas, en général, les moins curieuses ni les moins loquaces.

« Ma voisine, disait l'une d'elles à Mme Vandenberghe, en désignant le corps-de-logis inhabité qui formait une partie considérable de la maison, je ne conçois pas qu'étant

réduite à un si petit ménage, vous conti-
nuiez à occuper une maison aussi grande,
tandis que vous pourriez la vendre ou la
louer avantageusement, à raison de l'activité
des affaires qui anime à présent notre ville ;
et vous pourriez, à peu de frais, vous procurer une gentille petite habitation plus
appropriée à votre manière de vivre actuelle
et aux besoins de votre famille.

» — Ma chère voisine, répliqua la digne
veuve, votre avis pourrait être bon à suivre
par des personnes dont l'intérêt matériel
serait l'unique mobile. Mais la vie du cœur
et l'atmosphère des souvenirs me sont plus
nécessaires encore : le pouvoir de l'habitude,
le respect pour la mémoire de mes ancêtres
et l'image encore vive du bonheur que j'y ai
goûté, me retiennent dans l'antique maison où
je suis née. J'y ai vu mourir deux générations
ascendantes, plusieurs des enfants que j'y ai
mis au monde, et le plus regretté des époux.

» — Je conçois vos raisons, répondit la tenace voisine ; mais il n'en est pas moins vrai qu'une grande maison est d'un grand entretien, ainsi que les meubles qui la garnissent ; les vôtres sont fort surannés, et, en restreignant votre logement, vous pourriez vous débarrasser des plus antiques : votre fauteuil, par exemple, rappelle un autre siècle.

» — Ce fauteuil était celui de mon père ; c'est de là que, déjà infirme, ce vénérable vieillard m'a bénie lorsque, sur le point de me marier, je suis venue m'agenouiller devant lui. Je crois entendre encore ses paroles :

« Va, mon enfant, me disait-il, tu as toujours été bonne chrétienne, laborieuse, fille respectueuse et soumise ; va avec confiance ; je te bénis. Non que je te prédise un bonheur qui n'est pas de ce monde ; ni que j'espère que, plus qu'une autre, tu échappes à la destinée des enfants d'Adam, qui est de souffrir. L'affliction pourra franchir ton seuil, et la douleur te faire sentir ses étreintes ; mais jamais tu ne resteras sans consolation, et l'excès du malheur ne t'atteindra pas. »

« Le digne vieillard a eu raison, ajouta la bonne dame ; je touche à la fin de ma carrière, et de cruelles épreuves ont traversé ma vie ; mais toujours Dieu a mis la consolation à côté des chagrins, et m'a montré la sollicitude de sa Providence dans les occasions où il m'a le plus frappée.

» — Témoin, ma digne amie, dit une dame âgée qui se trouvait présente, la circonstance si douloureuse pour vous à laquelle vous avez été comme préparée par le Ciel, afin que le coup en fût moins subit et moins violent.

» — Oh ! veuillez nous raconter cela, dit à la fois toute la société.

» — Quelques-unes d'entre vous, mes

dames , reprit Mme Vandenbergue , ont pu
connaître mon mari ; c'était le plus droit ,
le plus juste et le meilleur des hommes. Ces
murs que je chéris n'ont jamais retenti de nos
querelles ni d'aucune parole déplacée de sa
part ; mais ils ont pu entendre souvent les
actions de graces que nous rendions au Ciel
de nous avoir unis l'un à l'autre. Quoiqu'il
y eût une assez grande différence d'âge entre
nous et qu'il commençât à éprouver quelques
infirmités , l'idée d'une séparation possible
ne pouvait entrer dans mon esprit, tant je
m'étais accoutumée au bonheur de vivre avec
lui , bonheur qui me semblait inhérent à mon
existence.

 » Rien ne me faisait présager une cas-
tastrophe , lorsqu'une nuit je rêvai que mon
corps se partageait en deux du haut en bas ,
et que la moitié de moi-même , parfaitement
saine , tombait à terre avec un grand bruit.
La violence de ce coup me réveilla en sursaut;

dans une agitation extrême, et donnant aussitôt un sens à ce que je venais d'éprouver, je m'inquiétai beaucoup de mon mari que j'entendis légèrement tousser, et je lui demandai s'il était incommodé. L'assurance contraire qu'il me donna ne put me tranquilliser, et je passai le reste de la nuit sans pouvoir fermer l'œil.

» S'étant levé le matin suivant à l'heure accoutumée, M. Vandenberghe sortit pour vaquer à ses occupations ordinaires, tandis que moi, voyant bien que je n'avais aucun motif de m'alarmer, je cherchais à chasser de mon esprit le souvenir des pensées importunes dont je ne pouvais me défendre d'être effrayée. Pour y mieux parvenir, je sortis; et, me rendant d'abord à l'église, je priai ardemment pour l'objet de ma sollicitude, et je jetai toutes mes inquiétudes dans le sein de Dieu. Puis, j'allai voir Mme Meulenaere, mon amie ici présente, espérant trouver auprès d'elle une distraction dont j'avais tant besoin ; mais l'amabilité de cette dame ne put produire sur moi son effet accoutumé ; et , ne pouvant chasser de mon esprit la pensée qui le tourmentait, j'aimai mieux la lui confier que de paraître insensible à ses attentions. Elle me railla de ce qu'elle appela ma faiblesse, et voulut me retenir pour toute la journée dans l'espoir de réussir à me faire passer cette idée fixe. Je refusai toutes ses instances , me sentant trop inquiète pour rester plus longtemps hors de chez moi.

» En approchant de ma maison , je rencontrai mon mari , qui, toujours gai, alerte, me dit qu'il ne serait absent qu'un quart-d'heure, me priant de faire servir le dîner promptement.

» Hélas ! c'étaient les dernières paroles que j'entendais de sa bouche !... Un quart-d'heure n'était pas écoulé que M. Vanden-berghe rentrait chez lui; mais à peine eut-il

passé le seuil de sa porte qu'il tombait comme
une masse : une attaque d'apoplexie l'avait
frappé. On parvint à lui faire recouvrer connaissance, mais non point l'usage de la parole.
A ce moment suprême, sa bonne vie, ses
habitudes chrétiennes aplanirent bien des
difficultés. Son confesseur connaissait si bien
sa conscience, que le pénitent n'eut qu'à répondre par signes à ses questions ; et ses
derniers moments furent adoucis par tout ce
que la religion a de plus auguste et de plus
consolant. »

Là, quelques larmes étouffèrent la voix
de la veuve, et les auditeurs demandèrent
à Mme Meulenaere si cette circonstance ne
l'avait pas disposée un peu plus favorablement pour certains pressentiments que don-
nent les songes.

« En principe, non, répondit cette dame ;
seulement je ne prétends pas méconnaître
dans ce fait particulier une intervention pro-

videntielle, pour préparer à un grand malheur une personne qui, si sans cet avertissement, n'eût peut-être pas été capable de le supporter.

» — S'il fallait en croire un autre pressentiment dont je suis occupée depuis plusieurs jours, dit Mme Vandenberghe en laissant percer un sourire à travers ses larmes, je devrais bientôt revoir mon fils Pédro, car la pensée de ce pauvre enfant est plus que jamais présente à mon esprit.

» — Que le Ciel exauce vos vœux, ma chère voisine, dit une de ces dames; et surtout, puisse votre fils revenir riche comme l'équipage du *Cortèz*, rentré dernièrement dans le port! Ils étaient partis pauvres comme Job. C'était un tas d'aventuriers dont l'armateur était poursuivi pour n'être pas en état de payer son chargement; ils sont revenus gorgés d'or et d'étoffes précieuses, produits des prises qu'ils ont faites sur les Anglais.

4

» — J'aimerais mieux, dit Mme Vandenberghe, voir mon fils revenir pauvre comme il est parti, qu'enrichi de cette manière.

» — Vous avez trop de délicatesse, ma voisine, les lois de la guerre permettent de s'approprier les dépouilles de l'ennemi, et ce n'est qu'user de représailles envers lui. Combien des nôtres ont été victimes des Anglais, combien sont encore aujourd'hui retenus prisonniers sur les pontons d'Angleterre ?

» — Aussi, je déplore les conséquences de la guerre ; elles blessent, selon moi, l'humanité et la religion.

» — On raconte les choses les plus incroyables sur les succès de nos marins qui arment en course. Dignes héritiers de la bravoure de Jean-Bart, il paraît qu'ils battent rudement les Anglais.

» — Seulement leurs captures ne leur profitent pas beaucoup, car ils les gaspillent, sans souci de l'avenir, avec la même facilité qu'ils l'ont acquise, comme si pareille aventure devait toujours se renouveler.

» — Pauvres gens, dit Camille, ils n'ont pas assez de portée dans l'esprit, pour comprendre que l'argent pourrait être employé à meilleur usage !

» — Je viens, dit une de ces dames, d'être témoin d'un plaisant exemple de l'embarras des richesses dans ces gens qui n'en ont pas l'habitude. La femme d'un matelot, dont le mari est embarqué, avait déjà reçu de lui plus d'une fois des parts de prise, et les avait employées à se procurer des bonnets de dentelle, une chaîne, des boucles d'oreilles d'or pendant jusqu'aux épaules, un manteau de drap bordé en velours avec une agrafe d'argent, une belle batterie de cuisine, des couverts d'argent, enfin tout le luxe au-delà duquel les per-

sonnes de sa classe n'entrevoient plus rien
à souhaiter, lorsqu'un nouvel envoi d'argent vint encore la surprendre. Cette fois,
il était de trop ; n'imaginant plus quel emploi elle en pouvait faire, elle perdit la tête,
et, mêlant les écus en guise de tranches
de pommes à des œufs qu'elle venait de
battre, elle se mit à les faire frire dans la
poêle, puis jetant cette singulière omelette
par la fenêtre, elle riait à gorge déployée
des grimaces que faisaient les gamins qui
se brûlaient les doigts en voulant saisir à
la fois et les œufs et les pièces de six francs.

V

Incendie, nouvelles.

L'HILARITÉ provoquée par cette anecdote
fut tout-à-coup interrompue par l'observation
de lueurs rougeâtres, venant tout-à-coup éclairer le crépuscule qui commençait à se ré-
pandre.

Bientôt les cris *au feu* et le son du tocsin
vinrent mettre le comble à cette alarme
naissante; chacun se précipitait au dehors
pour voir de quel côté était le désastre.

C'était dans un hospice de malades que
le feu avait éclaté; il sévissait avec une

grande violence, et les habitants de la ville
accouraient de toutes parts pour porter secours. Tandis que les hommes se chargeaient
des exercices les plus périlleux, les femmes,
formant la chaîne, apportaient des seaux
d'eau, ou recueillaient les malades réduits
à descendre par les fenêtres sur des matelas,
comme le paralytique de l'Evangile.

Il s'agissait de donner un asile à ces
malheureux; les maisons aisées de la ville
se les partagèrent. Mme Vaudenberghe se
hâta de livrer ses appartements, et le corps-
de-logis vacant que nous avons signalé fut
transformé en infirmerie, où les malades reçurent les soins les plus empressés de la part
de Camille et de sa mère, tandis que Marcien,
à la tête des travailleurs, déployait autant
de zèle que de sang-froid dans les moyens
qu'il faisait agir pour arrêter l'incendie.

Plusieurs de ses compatriotes ainsi que
des marins et des militaires le secondaient

de leurs efforts. Parmi eux se distinguait un homme de haute stature, aux traits mâles et vigoureux, dont le teint basané et le costume étranger attestaient qu'il n'était pas de la ville. Il n'y était connu de personne, mais le courage et le mépris de la vie dont il faisait preuve dans ce présent péril ne pouvaient que le faire remarquer avantageusement. Son zèle allait jusqu'à la témérité, et Marcien crut devoir l'engager plusieurs fois à s'épargner davantage. Il ne tenait pas compte des avertissements et il traversa plusieurs fois les flammes pour sauver des infirmes qui lui dûrent leur vie, jusqu'à ce qu'atteint de plusieurs brûlures et à demi asphyxié, il eut lui-même le plus grand besoin de secours. L'incendie commençant d'ailleurs à céder à tant d'héroïques efforts, Marcien put enfin se retirer chez lui, y amenant l'étranger dont le dévouement l'avait fort intéressé.

Logé dans une chambre particulière et soigné par Marcien lui-même, ce personnage, qui dit se nommer Pédro, fut au bout de quelques jours assez bien remis de ses blessures. Un nouveau local ayant été affecté par la ville aux habitants de l'hospice incendié, ces dames Vandenberghe se trouvèrent libres des soins auxquels elles s'étaient livrées auprès de leurs hôtes, et Marcien, avant de laisser partir l'étranger convalescent, avait voulu le présenter à sa mère et à sa sœur, qui, prévenues en sa faveur par ce qu'elles avaient appris de sa conduite, le reçurent avec toute la distinction convenable.

Le souper avait réuni la famille Vandenberghe et son hôte; ce dernier, comblé de prévenances, se montrait fort réservé : on sut seulement de lui qu'il était capitaine d'un vaisseau à l'ancre dans les parages voisins, et que des affaires personnelles l'avaient amené dans cette ville.

Une visite tout-à-fait inattendue à cette
heure avancée parut arriver fort à propos
pour animer la conversation un peu lan-
guissante. C'était la visite du capitaine Morhaert, celui-là même qui avait rencontré
Louis en pays étranger et s'était montré si
bienveillant envers lui. Habituellement absent, on le voyait rarement dans la famille
Vandenberghe, mais son apparition y était
toujours celle d'un ami. Il fut aussitôt prié
de prendre part au souper.

Le capitaine commença par s'excuser de
se présenter à une heure aussi peu convenable.

« Quand de dignes hôtes veulent bien
honorer ma table de leur présence, répondit la veuve, j'en suis trop flattée pour
qu'ils puissent jamais être importuns. »

Ce compliment s'adressait également à
Pédro, qui semblait avoir besoin d'être mis
à son aise.

« Eh bien ! chère madame, dit le capitaine en prenant place, devinez un peu
de quoi je viens vous entretenir.

» — Vous avez des nouvelles de mon
fils ?

» — De Louis ?

» — Précisément.

» — Oh ! capitaine ; soyez béni, car je
vois à votre air qu'elles sont bonnes !

» — Pas trop mauvaises..... Mais vous
voilà déjà agitée comme la feuille; comment
serez-vous en état de m'entendre jusqu'au
bout ?

» — Parlerait-il de revenir ?

» — Peut-être.

» — O Dieu, donnez-moi la force de
supporter ma joie comme vous m'avez ai-
dée à souffrir mes douleurs !

» — Là là là, calmez-vous ; Sinon, je
m'en vais et je vous dirai le reste une autre
fois. »

Le capitaine ne s'en alla pas, mais il dut cependant attendre l'effet de quelques anti-spasmodiques sur Mme Vandenberghe et sa fille, avant de pousser plus loin l'entretien. L'attitude de Marcien était beaucoup plus calme, quoiqu'il fût loin d'être insensible au bonheur de revoir son frère, et l'étranger, présent à cette scène, semblait y prendre un vif intérêt.

D'après les détails donnés par M. Morbaert, Louis était depuis longtemps en route et devait être à la veille d'arriver. Cette certitude excita de nouvelles démonstrations de joie; mais le second mouvement, celui de la réflexion, ne fut pas exempt de grandes inquiétudes, car on se rappelait être en guerre avec les Anglais; et, il y avait d'autant plus lieu, pour les navires rentrant, de craindre leurs attaques que, fréquemment battus depuis peu, nos voisins d'outre-mer devaient être disposés à de chaudes représailles. Le capitaine Morhaert ajouta que plusieurs de leurs bâtiments avaient été observés croisant vers les côtes de France.

« Que Dieu garde mon fils ! s'écria la mère effrayée. O mes enfants, c'est plus que jamais le cas de redoubler nos prières pour lui.

» — Passons à l'oratoire, dit Camille, et dès demain, allons offrir des vœux et commencer une neuvaine à Notre-Dame des Dunes.

» — C'est très-bien, dit le capitaine, les Anglais ne la connaissent ni ne l'invoquent, cette Protectrice des marins. Espérons qu'elle continuera de protéger une nation et une famille catholiques. »

VI

Prière.

Un usage traditionnel dans la famille Vandenberghe consistait à se réunir matin et
soir pour faire la prière en commun, dans
une pièce appropriée à cet usage et qu'on
appelait *la chapelle*. Un bénitier se trouvait
à l'entrée; l'image du Christ et celle de
Marie, des tableaux religieux, des sentences
gravées sur les murs y portaient l'âme au
recueillement. Une bibliothèque de livres de
piété s'y trouvait pour aider à la méditation.

Tous les jours, la mère de famille s'y

rendait avec ses enfants et sa vieille bonne.
Après avoir fait la lecture et présidé aux
prières communes, elle y était demeurée
bien des fois, absorbée dans la pensée de
son fils absent, et y avait répandu sur lui
beaucoup de larmes.

L'heure de la prière a sonné, et cette
mère, sentant plus que jamais le besoin
d'entretenir le Seigneur de ce fils, dont
elle espère le retour et pour qui elle craint
de nouveaux malheurs, invite ses enfants
et ses commensaux à la suivre dans la
chapelle. La présence d'un étranger ne saurait arrêter les coutumes de cette piété
aussi simple qu'elle est sincère, et, d'ailleurs, dans la retraite où elle a presque
toujours vécu, entourée seulement de personnes pensant comme elle, c'est à peine
si Mme Vandenberghe sait qu'il y a des gens
qui ne connaissent point Dieu et négligent
leurs devoirs de religion.

Quoique ici tout rappelle à Pedro quelques vagues souvenirs des principes de son enfance, tant d'années se sont écoulées depuis ce temps dans l'oubli de Dieu, que ces pratiques semblent toutes nouvelles pour lui. A peine se rappelle-t-il le signe de la croix, et sa contenance devient évidemment embarrassée. Camille a cru s'en apercevoir, et toujours bonne, et prête à prévenir dans les autres le plus léger motif de confusion, elle tend à l'étranger son livre d'heures, afin qu'il puisse suivre les prières auxquelles l'assistance a coutume de répondre tout haut.

La voix de la mère de famille s'élève, à la fois digne et émue, vers le puissant Auteur de tout bien. Après les prières ordinaires, elle remercie le Ciel de lui avoir jusqu'à ce jour conservé son fils absent, et, redoublant ses vœux pour lui, elle appelle de nouveau la protection divine sur cette tête chérie.

Cette préoccupation ne lui fait pas oublier
les besoins des autres ; elle recommande
à Dieu toutes les mères, tous les enfants,
les exilés, les malades, les pauvres, les
mourants, les pécheurs. Sur tous les vivants
et sur les morts elle appelle les miséricordes
du Très-Haut.

Ses enfants répondent en chœur aux
prières suivantes :

« Que le Seigneur tout-puissant et mi-
séricordieux vous conduise en la voie de
paix et prospérité, et que l'Ange Raphaël
vous accompagne dans le chemin, afin que
vous reveniez en paix, sains et avec joie
en votre maison.

. . . .

. » Que l'ennemi ne gagne rien sur vous ;

» Et que l'enfant d'iniquité cesse de vous
nuire.

» Que le Seigneur soit béni tous les
jours.

» Que Dieu, auteur de notre salut, vous donne un heureux voyage.

. . . .

» Dieu a commandé à ses anges de vous garder dans toutes vos voies.

» O Dieu ! qui avez fait marcher les enfants d'Israël à pied sec au milieu de la mer Rouge, et qui avez conduit les Mages à la lumière d'une étoile pour venir vous adorer, donnez-leur, s'il vous plaît, un voyage heureux et un temps favorable, afin qu'accompagnés de votre saint ange, ils puissent arriver heureusement au terme de leur voyage, et entrer à la fin de leur vie dans le port du salut éternel. »

A ces prières pour les voyageurs, Mᵐᵉ Vandenberghe ajouta l'oraison suivante pour la guerre :

« O Dieu qui dissipez les guerres, et qui terrassez par la puissance de votre secours les ennemis de ceux qui mettent

leur espérance en vous, assistez vos ser-
viteurs, qui implorent votre miséricorde,
afin qu'ayant dompté la fierté de ceux qui
nous font la guerre, nous vous en rendions
sans cesse des actions de graces. Par Notre-
Seigneur. »

Les vœux de cette famille, l'hospitalité
qu'il en avait reçue, tout cela avait fait
impression sur Pédro, et lui avait fait
concevoir une résolution.

VII

Attente.

Le lendemain, l'étranger, si hospita-
lièrement accueilli chez Mme Vandenberghe,
était parti sans laisser aucun vide. On était
si préoccupé dans la maison du retour probable de Louis et des dangers qu'il courait
encore, que le reste était fort indifférent.
Les prières projetées furent fervemment ac-
complies; quelques intimes se joignirent à
cette touchante dévotion, et la vieille Mitje
ajouta un chapelet de plus à tous ceux qu'elle
récitait chaque jour pour Henderick.

Bientôt le bruit du retour présumé de
Louis se répandit dans la ville, et Mme Vandenberghe reçut plusieurs visites de con-
gratulation ou plutôt de curiosité. Reve-
nait-il riche ? avait-il fait des affaires bril-
lantes ? C'est à quoi sa mère n'avait pas
songé ; tout entière à l'espoir de le voir
et à la crainte des périls qui lui restaient
à traverser, la bonne veuve n'aimait à s'en
entretenir qu'avec Dieu et le petit nombre
de personnes, qu'elle savait lui être véri-
tablement dévouées.

Non-seulement tous ces visiteurs indiscrets
et curieux lui étaient fort à charge, mais
encore, au lieu de la distraire de ses inquiétudes, ils semblaient prendre un mal-
adroit ou malin plaisir de les augmenter,
en venant lui raconter les divers succès
des Anglais, la manière affreuse dont les
prisonniers étaient traités par eux, traite-
ments dont on ne manquait pas d'exagérer

encore la barbarie. Puis, à entendre certaines personnes, ce n'étaient pas seulement
les Anglais qui étaient à craindre sur nos
côtes, mais des pirates s'y montraient aussi
de temps en temps et y exerçaient des
actes de cruauté encore plus graves que
ceux qu'on pouvait craindre des ennemis
déclarés. Parmi ces forbans, on citait surtout un certain *Bras-de-Fer*, la terreur des
matelots et qui passait pour invincible.
On lui prêtait bien des actes de violence,
et beaucoup s'accordaient à dire qu'il ne
faisait pas bon de tomber entre ses mains.
D'autres versions le représentaient comme
un homme joignant une certaine générosité
de caractère aux allures inséparables de sa
profession. Ses poursuites, disait-on, avaient
plus spécialement les Anglais pour objet;
et, s'il ne respectait pas toujours le pavillon
français, au moins le ménageait-il extrêmement. Les Flamands semblaient avoir des

titres particuliers à sa bienveillance ; et,
plus d'une fois, il avait relâché ses captures,
hommes et biens, en apprenant qu'ils étaient
de Dunkerque ou de quelque ville voisine.
On citait encore de lui quelques traits de
courtoisie chevaleresque envers des dames
qu'il avait défendues de tout son pouvoir
contre la brutalité de ses compagnons.

Tous ces récits paraissaient assez roma-
nesques pour ne pas y attacher une grande
importance, et c'était bien assez d'avoir à
se préoccuper d'un danger réel ; toutefois
on ne pouvait parler de malfaiteurs dans
la famille Vandenberghe, sans remuer une
corde des plus sensibles, quoique le temps
eût jeté une sorte de voile sur l'évènement
qu'elle avait eu à déplorer. Il s'agissait de
celui dont Marcien avait été la victime,
dans la personne de sa jeune femme, avec
laquelle il habitait une campagne assez
isolée, non loin de Calais et située au

bord de la mer. Pendant une nuit qu'il
était absent, des pirates, qui depuis quelque temps infestaient les côtes voisines,
opérèrent une descente sur le rivage et
pillèrent sa maison, sans toutefois attenter
à la vie des habitants, paralysés de terreur. La jeune dame Vandenberghe en eut
un tel saisissement que, peu de jours après,
elle mit au monde prématurément un enfant
qui ne vécut guère et qu'elle ne tarda pas
à suivre au tombeau.

Nous avons déjà parlé des regrets de
Marcien et de sa retraite du monde après
la perte de son épouse chérie. Ne songeant
plus à former jamais de nouveaux liens, il
était devenu depuis cette époque le père des
pauvres, le consolateur des prisonniers, le
médiateur des pénitents; son zèle avait gagné
à Dieu plus d'une conquête, mais le Ciel lui en
réservait une d'autant plus méritoire, qu'elle
devait lui coûter un plus pénible effort.

Pour faire diversion aux inquiétudes ainsi qu'aux pénibles souvenirs, on priait pour Louis, puis on faisait des préparatifs pour le recevoir, tout comme si rien ne pouvait entraver son retour, car la prière produit la sécurité. L'ancienne chambre, un peu délabrée, de l'enfant prodigue avait été restaurée à neuf, les parquets et les meubles étaient frottés avec un soin particulier, et des rideaux blancs avaient été mis partout. Tout était prêt, on n'avait plus qu'à comprimer son cœur bouillant d'impatience; la neuvaine était terminée. On calculait que le voyage aussi devait toucher à sa fin. On s'embrassait, on riait, on pleurait, et chaque jour on se disait : « C'est peut-être demain, demain ! »

VIII

Attaque.

TANDIS que la famille Vandenberghe conserve ses espérances, voyons ce qu'est devenu Louis, depuis que nous l'avons laissé en Amérique.

Grace aux bonnes recommandations du capitaine Morhaert et à quelques chances favorables, dont un commencement d'expérience l'avait mis à même de profiter, Louis, mis en relation avec des colons influents et favorisé par eux, trouva moyen de faire d'excellentes opérations commerciales, et de

6

réaliser en très-peu d'années des bénéfices
tels , que bornant son ambition , il se crut
assez riche pour accomplir le projet qu'il
avait fait de retourner dans sa ville natale ,
aussitôt qu'il serait en état d'y occuper une
position honorable. Une fois ce but atteint,
rien ne fut capable de le retenir en Amérique;
ni les instances de plusieurs colons dont il
avait gagné l'amitié , ni les offres les plus
avantageuses, tout cela ne valait pas pour lui
la vie du cœur, ces douceurs de la famille
dont il s'était si longtemps privé et dont il
avait hâte de jouir de nouveau. Ce fut d'une
main tremblante d'émotions qu'il écrivit au
capitaine Morhaert, pour le charger de
préparer sa famille à la joie qu'il allait lui
apporter en se retrouvant au milieu d'elle.

Qu'on ne s'y trompe pas, ce qui faisait
battre son cœur, ce n'était pas la pensée de
retrouver l'objet de ses anciennes recherches;
il n'était plus assez dans l'illusion pour

compter sur une constance de dix années.
Il ne se trompait pas en cela, et à vrai dire
il en avait aussi pris son parti ; le temps, les
préoccupations, les mille chagrins dont cette
passion avait été pour lui la source, avant
qu'un retour favorable de la fortune l'en eut
dédommagé, avaient donné une autre direction à ses idées. Il ne concevait plus comment
le dépit et les espérances que cette passion
fragile avaient enfantés pouvaient l'avoir porté
à s'expatrier et à s'éloigner de sa famille,
vers laquelle il aurait eu mille fois la pensée
de revenir sans un opiniâtre amour-propre
qui ne voulait pas avoir le démenti. Il aurait
pu en être la victime ; mais, graces à la
Providence, qui, dans ses vues impénétrables,
se sert quelquefois de nos folies pour en tirer
notre avantage, tout était maintenant pour
le mieux, tous ses maux étaient enfin ou-
bliés. Il revenait porter la consolation au
cœur de parents affligés, et retremper, au

milieu d'eux, son âme desséchée au contact
de tant d'indifférents.

C'était donc à eux, à eux seuls qu'il son-
geait ; son amour-propre même s'effaçait à
l'idée de contribuer à leur bonheur ; tout
autre projet effleurait à peine son imagination.
Cette pauvre mère, il va lui rendre l'aisance
de ses jeunes années ; cette sœur, dont l'existence décolorée (selon lui) s'écoule si mo-
notone, il la comblera de présents et de
fêtes, il en fera la femme la plus enviée
de tout le pays. Il se flatte de rajeunir le
cœur flétri de son frère, et il donnera les
invalides à la vieille bonne qui soigna son
enfance, et qu'il a laissée se consumant
encore, par dévouement, aux travaux devenus
bien pénibles pour elle ; à son tour maintenant
elle doit être servie.... Et lui, le plus heureux de tous, il jouira de leur bonheur,
il le partagera ; que manquera-t-il au sien ?

S'occupant ainsi des idées les plus riantes,

il s'avançait à pleines voiles vers la France,
dont l'approche redoublait les vives palpi-
tations de son cœur. Il 'n'ignorait pas les
dangers qu'il pouvait avoir à courir de la part
des Anglais ; mais la plus grande partie de
la traversée s'était effectuée sans encombre ;
on touchait au terme du voyage, et l'heureuse
attente qui animait le cœur de Louis lui
inspirait toute confiance.

Tandis qu'assis sur le pont du vaisseau
il se berçait ainsi des plus douces rêveries,
cherchant à découvrir à l'horizon les côtes de
son cher pays, il vit le capitaine, armé d'une
longue vue, regarder avec inquiétude du côté
opposé. Bientôt cette inquiétude se changea
malheureusement en certitude. Un point noir
qui s'avançait grossissant devint bientôt évidemment un brick anglais, s'élançant avec
rapidité sur le malheureux navire qui se mit
aussitôt en mesure de lui résister.

Le combat fut acharné ; le capitaine et son

6*

second périrent en déployant un courage
digne d'un meilleur sort. Les matelots,
n'étant plus dirigés, perdirent la tête et ma-
nœuvrèrent inhabilement, de sorte qu'en peu
d'heures équipage et passagers furent faits
prisonniers ; le bâtiment, attaché à la re-
morque du brick vainqueur, et sa riche car-
gaison, dont faisait partie la fortune de Louis,
devint la proie des avides insulaires.

C'était une riche capture, et la joie des
conquérants ne tarda pas à devenir du délire.
Après s'être gorgés de pillage, ils se livrèrent
aux plus extravagantes orgies. Leurs chants
avinés, leurs hurlements brutaux entendus
par leurs malheureux prisonniers, dûrent
faire douter à ces derniers s'ils étaient tom-
bés au pouvoir de gens civilisés, et si leurs
vainqueurs n'appartenaient pas plutôt à la
race la plus dégénérée de l'espèce humaine.

Jeté à fond de cale avec ses malheureux
compagnons d'infortune, et voyant tout-à-

coup ses doux rêves évanouis pour faire
place à l'attente du plus triste sort que l'on
puisse imaginer, Louis se frappait le front
avec rage, et cherchait dans son désespoir
s'il n'y aurait point quelque moyen d'échapper
à une si triste destinée.

Il n'était pas sans exemple que des prisonniers fussent parvenus à s'échapper d'une
semblable captivité, et l'ivresse où se plon-
geait l'équipage anglais pouvait bien en offrir
quelque facilité à leurs victimes, dirigées par
une main habile et prudente. Mais, en sup-
posant qu'un instant ou l'autre il réussît à
triompher des difficultés de cette entreprise,
quelle en serait la suite ? Retournera-t-il
pauvre et dénué de tout dans ce pays où il
croyait revenir triomphant ? Lui, qui espérait
y éblouir et s'y faire envier, consentira-t-il à
y être un objet de pitié, peut-être de risée ?
Y reparaître sans pouvoir exécuter ses doux
projets, et pour détromper sa famille de

l'espoir de bien-être qu'il vient de lui com-
muniquer... Oh! non, jamais!..... Et retourner d'où il vient, tenter encore une fois
la fortune, recommencer une carrière; avec
quoi? comment?... où en trouver la force et
le courage après une telle misère?.... Mais
hélas! il n'a pas même ce choix, illusions
que tout cela; il faut subir la captivité bri-
tannique et toutes ses horreurs!.... Mourir
de langueur et de misère sur les pontons
d'Angleterre!... Mourir!... pourquoi pas tout
de suite?... A quelle fin prolonger une si
misérable-existence?.... Oui; c'est là le seul
parti à prendre, il faut mourir!

Un moyen bien facile se présenta tout
d'abord à son esprit, celui de refuser toute
nourriture. Mais il réfléchit que ce serait
périr de la mort d'un lâche, et puisqu'il était
déterminé au sacrifice de sa vie, il se dit
qu'elle devait coûter quelque chose à l'ennemi. Il n'eut pas beaucoup de peine à monter

la tête à ses compagnons, en leur persuadant de partager sa résolution. Ils attendent que le silence et la nuit leur indiquent le sommeil de la plus grande partie de l'équipage appesanti par l'ivresse, et s'ils doivent succomber dans la lutte acharnée qu'ils vont livrer, au moins périront-ils en vengeant leurs espérances détruites et les courageuses victimes du combat dont l'issue leur a été si fatale.

On ne le voit que trop; depuis qu'il avait échappé au joug maternel, Louis avait perdu les pieux sentiments de son enfance, ainsi que les salutaires pratiques de la religion. Il y avait longtemps que la résignation et l'humilité lui étaient devenues étrangères. L'emportement de son caractère, qu'aucun frein ne maîtrisait plus, l'entraînait encore cette fois vers sa perte, sans souci des irréparables douleurs qui allaient en résulter pour sa famille.

Heureusement sa mère, son frère, sa sœur, priaient pour lui, et leurs prières le protégeaient.

IX

Secours.

ENCORE alourdis par suite des excès du jour précédent, l'officier et les matelots de quart sommeillaient sur le pont, quand ils furent tout-à-coup tirés de leur engourdissement par l'abord d'un bâtiment léger et habilement dirigé qui s'avançait sur eux avec rapidité. Sans leur avoir donné l'éveil par aucun coup de canon, ce bâtiment, par une manœuvre adroite, se trouva tout-à-coup sous le vent du brick anglais ; et, sans aucun bruit préalable, les cris *à l'abordage*

se firent tout-à-coup entendre. Brusquement
troublés dans leurs rêves, les vainqueurs
de la veille furent aussitôt sur pied, et un
combat à l'arme blanche s'engagea sur le
pont du vaisseau ; mais les agresseurs y
avaient l'avantage de toute leur présence
d'esprit, tandis que les Anglais, encore
tout étourdis et chancelants, frappaient au
hasard, s'entretuant les uns les autres au
milieu de cette confusion, tandis que quelques-uns d'entre eux cherchaient encore
leurs armes. Au cliquetis des épées se
joignaient d'épouvantables cris, et ce bruit,
parvenant aux oreilles des prisonniers, les
enhardit à faire un effort pour briser
leurs chaînes. En étant venus plus aisément
à bout au milieu de cette confusion générale, ils ne tardèrent pas à se joindre aux assaillants, Louis à leur tête.
Poussé par le désespoir, ce dernier fit des
prodiges de valeur qui ne se pouvaient

comparer qu'à ceux du chef de l'attaque.

Les Anglais furent bientôt mis hors de combat. Le jour commençait à luire et Louis put distinguer ses libérateurs, qu'à leur costume il présumait être Espagnols. Comme il s'avançait vers leur capitaine pour lui exprimer toute sa gratitude, celui-ci le recherchait avec un égal empressement et lui demanda si ce n'était pas lui qui se nommait Louis Vandenberghe.

Sur sa réponse affirmative, le capitaine s'écria : « J'ai rempli mon but, je vous guettais, et depuis plusieurs jours je parcours ces parages dans le dessein de vous protéger.

» — Et vous m'avez sauvé ! s'écria Louis en l'étreignant avec transport. O mon cher libérateur ! à qui suis-je redevable de tant de bienveillance ? Etes-vous donc un ange envoyé du ciel pour veiller sur moi ?

» — Je ne suis rien moins qu'un ange,

7

répondit l'inconnu en fronçant le sourcil,
mais votre famille est une réunion d'anges :
j'ai entendu votre mère et votre sœur prier
pour vous, et je me suis imposé la mission
de vous secourir.

» — O ma mère, ô ma sœur, c'est
donc à vos prières que je dois la vie et
la liberté ! Mais hélas ! à quoi me servira
ce bienfait, puisque je suis dépossédé du
bien-être que je comptais apporter à vos
pieds ?

» — Croyez-vous donc, dit l'étranger,
que je laisse jamais une œuvre imparfaite?
Non, non, vous allez à l'instant rentrer en
possession de tout ce qui vous a été ravi....
Holà ! mes braves, cria-t-il aux marins qui
déjà faisaient main basse sur tout ce qui
était à leur portée, arrêtez un moment,
vous ne partagerez le butin qu'après que
ces braves prisonniers, que nous avons dé-
livrés et qui nous ont aidés à vaincre,

seront rentrés en possession de ce que ces gredins d'Anglais leur ont pris. »

Obéissant au geste impérieux et à la parole sans réplique de leur chef, les pillards suspendirent aussitôt tout mouvement, pour laisser les matelots français reconnaître les objets qui leur avaient appartenu, et aidèrent à les transporter à bord du bâtiment remorqué.

Se chargeant aussi lui-même d'un bagage plus important que volumineux, le capitaine, voulant assurer jusqu'au bout la sécurité de ses protégés, déclara qu'il prenait lui-même le commandement du navire endommagé, et, conférant ses pouvoirs à l'un des principaux de son équipage, il se contenta de donner quelques ordres fort brefs, et, en moins de temps qu'on ne peut se l'imaginer, le vaisseau délivré cinglait vers le port où il avait failli ne jamais aborder.

Heureux au-delà de toute expression, Louis continuait à se livrer aux effusions de la plus vive reconnaissance. « Vous ne m'en devez pas, lui dit Pédro, que sans doute l'on a déjà reconnu. Malade et blessé, j'ai été recueilli par vos parents, ils m'ont soigné; sans me connaître, ils m'ont reçu avec une bonne grace que je n'ai jamais trouvée nulle part. D'ailleurs, j'aime vos compatriotes, et je n'ai fait que suivre l'élan d'une franche sympathie. Ennuyé de ma carrière de marin, il serait possible que je me décidasse à y renoncer, et à m'établir dans votre pays. N'y ayant ni recommandation ni famille, je serais heureux d'y être introduit sous vos auspices.

» — Ma famille sera la vôtre, répliqua Louis, et vous y serez traité comme enfant et comme frère. »

❦

X

Réunion.

La joie de Louis et de sa famille en se revoyant réunis se comprend mieux qu'elle ne pourrait se décrire. Les richesses qu'il apportait n'y pouvaient ajouter; elles s'effaçaient aux yeux de Mme Vandenberghe devant le bonheur de retrouver son fils. Marcien ne faisait plus de cas des biens matériels, et la jeune Camille n'avait jamais songé qu'ils lui manquassent. Ce fut donc pour lui, pour lui seul, que Louis fut si joyeusement reçu.

Pédro, présenté par lui comme son libérateur, fut accueilli par les démonstrations de la plus touchante reconnaissance. Dès ce moment, il fut invité à considérer cette maison comme la sienne et y fut traité comme membre de la famille.

Dans cette sainte maison, l'élan de la nature était toujours mêlé à l'élan religieux, et la mère de famille convie son fils à s'unir aux actions de graces qu'elle veut aller rendre à l'Auteur de tout bien, dans le lieu qui fut si souvent confident de ses douleurs. En attendant une manifestation plus solennelle de sa pieuse gratitude, elle rappelle à Louis le chemin de la chapelle domestique que nous connaissons déjà, et où Pédro la suit aussi avec le reste de sa famille.

Aujourd'hui l'oratoire est orné avec un soin particulier, un plus grand nombre de cierges l'éclairent, des fleurs fraîches le parfument.

Il y a long - temps que Louis ne s'est trouvé à une scène si auguste, il est d'abord embarrassé, mais bientôt l'attendrissement le gagne. Oh ! qu'il y a de reproches pour lui dans ces pieuses pratiques, si exactement observées aux jours de son enfance ! Il comprend tout ce qu'il a perdu en les négligeant ; il se sent attiré à y revenir ; la foi long-temps oubliée reprend quelque empire dans son cœur.

Nous définirions plus difficilement les impressions de Pédro. Quelque bonne opinion que ce qu'on connaît de ses actes ait pu jusqu'à présent donner de lui à la famille Vandenberghe ainsi qu'au lecteur, nous avouerons en confidence à ce dernier que tous les épisodes de la vie de cet inconnu ne sont pas également honorables. Sans comprendre encore toute l'horreur de sa vie passée, il en a conçu assez de lassitude et de mépris pour vouloir y renoncer. Mais

la vertu est encore chose étrange et nou-
velle pour lui, et les actes de bravoure
que nous avons pu admirer montrent assez
de quoi il eût été capable en suivant une
bonne direction.

Il a bien un souvenir vague de quelques
pratiques religieuses qu'on avait voulu lui
apprendre dans son enfance, mais il n'en
avait pas compris l'esprit, et ces pratiques
qu'il n'avait vu observer que par d'humbles
femmes, que par sa bonne mère, il les avait
jugées superstitieuses et les avait secouées avec
dédain. Depuis il avait vécu dans une sphère
trop différente, pour qu'elles lui revinssent
seulement à l'esprit.

Aujourd'hui qu'il voit la religion si sain-
tement professée par des personnes d'une
intelligence cultivée, par une famille d'élite,
il ne peut s'empêcher de la trouver touchante
et belle ; tout change de face à ses yeux.

Plus il demeure au sein de cette famille,

plus il la sait apprécier, mieux il comprend
la vertu ; mais en même temps, plus il rougit
de ce qu'il est, plus il se méprise, plus il
se fait horreur à lui-même. Il sent la distance
qu'il y a entre lui et tout ce qu'il y a
de plus pur ; il se dit qu'il est déplacé
dans une telle société ; il n'ose y parler
de peur de se trahir, car il ne sait pas
le langage de la vertu, il n'a jamais appris
que celui du vice, et la crainte de laisser
échapper malgré lui des paroles inconve-
nantes paralyse sa langue et lui inspire une
timidité qu'il n'a jamais eue en face des plus
grands dangers.

Cette réserve qu'on prend pour de la
modestie, cette mélancolie rêveuse, effet
d'une honte croissante, et que l'on prend
pour le reflet d'un chagrin secret, intéressent
de plus en plus à Pédro. D'abord, on s'est
attaché à lui par la reconnaissance, ensuite
il a captivé l'attention par la tristesse dont

sa mâle figure semble empreinte. Mais, plus
on s'efforce de l'en distraire par mille té-
moignages de bonté, plus ses remords
prennent de consistance, et plus il souffre
d'un passé qui se dresse comme un fan-
tôme sanglant entre lui et le bonheur.

De toutes ces personnes candides et con-
fiantes, la plus naïve était assurément Camille.
Jamais le soupçon du vice n'était entré dans
son cœur, elle n'en avait pas même l'idée.
Encore étrangère à toute préoccupation per-
sonnelle, elle n'en était que plus accessible
à la compassion, si naturelle aux belles âmes.
Plus encore que sa mère et ses frères, elle
était attentive aux peines secrètes que dé-
celait la contenance de leur malheureux
hôte, le plaignait et priait tout bas pour
lui. Ou bien, tentant un effort pour le
tirer de sa rêverie, elle lui faisait remarquer les nuances délicates de ses fleurs,
le joyeux concert de ses oiseaux, les formes

variées que prenaient les nuages ; quelquefois elle lui dépeignait le bonheur qu'elle éprouvait à soulager ses pauvres, et cherchait à le lui faire partager en l'intéressant à leurs misères, et Pédro, lui tendant une poignée d'or dont il la priait d'être la distributrice, se détournait avec la confusion et la rougeur d'un homme qui usurpe des remercîments qu'il n'a pas mérités.

Cette émotion fut surtout visible un jour que Camille lui racontait le dévouement et les illusions maternelles de Mitje, à laquelle elle portait un intérêt trop particulier pour que cette histoire ne vînt pas naturellement sur ses lèvres. Au récit des privations et de la tendresse exaltée de la pauvre femme, quelques larmes, s'échappant des yeux du rude marin, vinrent mouiller malgré lui ses noires moustaches, ce qui rehaussa encore l'idée qu'on avait déjà de la sensibilité de son cœur. Il en parut

honteux et voulut s'excuser en rejetant cette
émotion sur le souvenir de sa propre mère.
On changea bien vite d'entretien pour ne
pas l'affecter davantage, et cette circonstance
ne put que confirmer l'opinion qu'on avait
déjà de la bonté de son cœur, d'autant plus
qu'il manifesta l'intention d'assurer par ses
largesses un sort plus heureux à l'intéres-
sante vieille femme.

Mais Mitje étant aussi fière que pauvre;
mesdames Vandenberghe ne crurent pas devoir acquiescer, sans l'avoir consultée, aux
propositions généreuses de l'étranger, et se
contentèrent seulement d'accepter en son
nom quelques petites douceurs, qui pouvaient
être offertes délicatement sans risquer d'être
refusées.

XI

Henderick.

De tous les amis qui vinrent féliciter la
famille Vandenberghe sur l'heureux retour
de Louis, Mitje ne fut pas la dernière ; ses
propres regrets ne l'empêchaient pas de
prendre part au bonheur des autres ; d'ailleurs, elle voyait dans ce retour un motif
d'encouragement pour ses espérances et un
gage du retour possible de son fils.

Elle demanda au jeune Vandenberghe la
permission de l'embrasser et le serra dans
ses bras tremblants. Puis elle ne manqua

pas de lui adresser la question qu'elle ne manquait jamais de faire à tout voyageur :

« N'avez-vous pas rencontré mon Henderick ?

» — Hélas, non, ma bonne mère, répondit-il, le monde est plus vaste que vous le pensez, et ce serait grand hasard que nous nous fussions rencontrés.

» — Le hasard, mon enfant, ne dites pas ce mot. Je ne crois qu'en la Providence ; mais j'espère fortement en elle, et il ne serait pas impossible qu'elle eût rassemblé les fils de deux mères, soupirant à l'unisson après leur retour.

» — Cela se peut, ma bonne mère, mais si j'ai rencontré votre fils, ce n'a été qu'à mon insu, car je n'aurais pu le reconnaître.

» — Comment ? vous n'auriez pas reconnu Henderick, un jeune homme blond, aux fraîches couleurs, aux traits délicats...

» — Et croyez-vous donc, bonne mère, répliqua Louis en retenant de toute sa force une grande envie de rire, que votre fils n'a pas changé depuis que vous l'avez vu partir jeune adolescent ?

» — Il est vrai, reprit Mitje avec un soupir, j'oublie toujours cela ; il doit être changé ; j'ai bien tant vieilli, moi ! Il est vrai que mes chagrins ont avancé ma vieillesse.... »

Cette dernière phrase arrêta l'accès de gaîté que Louis s'efforçait d'étouffer, mais comme il en craignait le retour, il se retira prudemment, et, passant par la pièce voisine où sa famille était rassemblée, il pria sa mère d'aller consoler la pauvre femme dont il avait, par sa présence, renouvelé sans le vouloir les anciennes douleurs.

« Oh ! il faut absolument, dit Mme Vandenberg à Pédro que vous connaissiez ma protégée. »

Pédro s'en défendit.

« Elle vous intéressera, je vous assure,
c'est un type remarquable, une étude à
faire pour un observateur. »

Pédro persistait, même assez peu poli-
ment dans son refus; mais, sans y avoir
égard, Mme Vandenberghe, non moins atta-
chée à son idée, les mit forcément en présence l'un de l'autre.

« Voilà, dit-elle à Mitje, le héros qui,
entre autres belles actions, a sauvé la vie
et la liberté de mon fils.

» — Que le Ciel vous bénisse, mon
digne monsieur, qu'il vous comble de toutes
ses faveurs, vous qui avez rendu un fils à
sa mère ! »

L'abord de Pédro était glacial; jamais
une expression si froide, si indifférente n'a-
vait paru sur son visage.

« Je suis mère aussi, continua la vieille,
et, au risque de vous importuner, mon

bon monsieur, je prendrai la liberté de vous demander, à vous qui êtes marin et qui avez beaucoup voyagé, si vous n'avez rencontré nulle part mon Henderick, c'est un jeune homme....

» — Oui, répondit brusquement Pédro, j'ai connu quelque part un mauvais sujet de ce nom.

» — Mauvais sujet, dites-vous? ce ne peut-être lui; il est vrai qu'il était espiègle, entêté, mais il n'avait pas mauvais cœur. Le sang de plusieurs générations d'honnêtes pêcheurs coule dans ses veines, et il n'est pas possible qu'Henderick mente à ce sang respecté.

» — Que voulez-vous, peut-être est-il encore plus malheureux que coupable; les mauvaises compagnies l'auront égaré.

» — S'il n'est qu'égaré, il est susceptible de retour; je suis sûre qu'au plus fort de ses fautes il aura conservé de bons instincts, des inclinations généreuses.

8

» — Je ne dis pas le contraire.

» — Ah ! parlez; ne s'est-il pas quelquefois souvenu de sa vieille mère, sait-il
qu'elle existe encore, qu'elle prie pour son
retour et son salut, et que son âme, arrêtée
au bord de ses lèvres, attend pour s'envoler
qu'elle ait eu le bonheur de le revoir ?

» — S'il parle de sa mère, c'est pour
maudire le jour où elle lui a donné naissance, et déplorer qu'elle ne l'ait pas étouffé
dès lors, » dit Pédro avec une croissante
animation.

Puis, reprenant son sang-froid :

« En deux mots, bonne femme, il faut
tâcher d'oublier votre fils, ou ne penser
à lui que comme à un homme mort.

» — Mais s'il n'est pas mort, dit la
vieille en se redressant, pourquoi vouloir
m'ôter l'espérance de le revoir, puisque cette
espérance est ma vie, à moi ?

» — Parce qu'il vaut mieux pour lui et

pour vous que vous ne vous retrouviez jamais, parce que le jour où vous le rever-
riez serait celui où il vous faudrait le maudire....

» — Jamais, interrompit Mitje avec force,
jamais je ne maudirai mon fils. S'il a failli,
c'est aux pécheurs que Dieu a promis miséricorde. Je ne cesserai de prier pour lui.
Je ferai violence au Ciel. Saint Augustin aussi
fut mauvais sujet, et Monique, sa mère, ne
le maudit pas, mais elle pria pour lui et
obtint sa conversion.

» — Je suis bien fâché, bonne mère,
dit Pédro en s'approchant et d'une voix
plus adoucie, de vous avoir fait tant de peine;
mais vous m'avez questionné, et je vous ai
répondu avec la brusque franchise d'un marin. Permettez-moi au moins de vous offrir
le seul genre de consolation qui dépende
de moi, en acceptant quelque soulagement
pour les infirmités de votre vieillesse. »

En achevant ces mots, il lui présentait une
bourse; mais la vieille, la jetant vivement à
terre, déclara qu'elle ne voulait rien accepter de celui qui avait calomnié son Henderick.

Pédro alla s'enfermer pendant quelques
heures dans sa chambre.

Quand il reparut, toute la famille s'em-
pressa de lui demander l'explication de cette
scène et s'il était vrai qu'il eût connu le
fils de cette femme.

« Ce n'est que trop vrai, répondit-il,
mais soyez assez bons pour ne plus m'en
parler; car le nom de cet Henderick est
lié à mes plus pénibles souvenirs. »

On en conclut qu'Henderick lui avait fait
beaucoup de mal, et on respecta son secret,
redoublant d'ailleurs d'efforts pour le distraire.

XII

Mélancolie.

DEPUIS cette entrevue, Pédro était devenu encore plus sombre, et le plus léger sourire ne pouvait plus surprendre ses lèvres. Un observateur pénétrant aurait pu deviner de violents combats intérieurs dans la contraction de ses traits. Quelquefois, il quittait brusquement la société de ses hôtes et s'en allait au bord de la mer ou dans des lieux solitaires faire de longues promenades qui ne calmaient guère son agitation. Il lui arrivait quelquefois de les prolonger

assez pour donner de l'inquiétude à ses
amis, et il délibérait s'il devait retourner
vers eux ou s'il ne se précipiterait point
dans les flots; mais la rencontre de Louis
qui s'était mis à sa recherche, ou un attrait
instinctif vers ce qu'il voulait fuir, le ramenait malgré lui dans la ville.

Un jour qu'il s'était oublié plus long-
temps encore que d'habitude dans ses promenades solitaires, la première personne
qu'il rencontra, en rentrant sous le toît hos-
pitalier de Mme Vanderberghe, fut son fils
Marcien. Frappé de l'air d'abattement et de
la pâleur de Pédro, il ne put s'empêcher
de lui prendre affectueusement la main et
de lui demander s'il souffrait.

L'étranger tressaillit comme quelqu'un qui
sort d'un rêve ou qui craint qu'on ne sur-
prenne son secret.

« Pourquoi, continua Marcien, vous éloigner de nous si souvent?

» — Pourquoi !... » répéta Pédro avec éga-
rement ; mais faisant aussitôt un effort pour
se remettre, il reprit d'un ton plus calme :

« Je n'ai pas le droit de troubler par ma
présence la joie que vous inspire le retour d'un frère, moi, qui suis déshérité de
ces douces affections de famille.

» — Ne faites-vous pas partie de la nôtre,
et peut-il y avoir de joie complète pour
nous lorsque nous vous savons seul et malheureux, vous, le sauveur de Louis ? Oh !
mon ami, vous nous croyez donc ingrats ?

» — Je vous crois, répliqua Pédro avec
feu, tout ce qu'il y a de beau, de noble,
de bon sur la terre, et le sentiment de ma
propre indignité, peut seul.... Oh ! tenez,
ne vous occupez pas d'un malheureux tel que
moi...

» — Nous comprenons que vous avez été
bien éprouvé ; la mort vous a enlevé toute
une famille : ce sont là de ces douleurs que

je connais par expérience. Je sais que l'a-
mitié ne peut les réparer ; mais elle peut du
moins les soulager. C'est une dangereuse
illusion que de prétendre supporter seul le
poids de ses maux ; l'esprit le plus ferme
y succombe.

» — C'est selon la nature des peines.

» — Croyez-moi, nous saurions compâtir
aux vôtres ; car, je vous le répète, nous
aussi nous avons souffert. Il n'est pas possible que le Ciel vous afflige de plus grandes
infortunes que ma mère et moi en avons
eu à supporter.

» — Vous aviez du moins, murmura Pédro
d'une voix sourde, une conscience pure ? »

Mais Marcien n'entendit point ou feignit
de ne point entendre, de crainte d'être in-
discret en paraissant vouloir sonder les re-
plis de ce cœur, avant de lui avoir inspiré
assez de confiance pour qu'il s'ouvrît vo-
lontairement à lui.

« Oui, reprit-il, ma mère et moi avons été violemment éprouvés; eh bien! c'est en confondant nos douleurs, c'est en les offrant en sacrifice au Seigneur, que nous sommes parvenus à conserver un peu de calme.

» — Oui, mais vous avez la foi, et.... je ne l'ai pas; vous avez auprès de vous un ange à protéger, à chérir!... et moi, je suis seul!...

» — La foi, Dieu la donne à celui qui la désire sincèrement. »

Marcien aurait peut-être poussé plus loin cette conversation; mais elle fut interrompue par l'apparition de Camille, qui, n'ayant encore pu voir son frère de la journée, venait se jeter entre ses bras. Mme Vandenberghe et Louis, étant presque aussitôt survenus, vinrent ajouter à ce touchant tableau d'intérieur. Pédro contemplait ce groupe comme les anges déchus doivent con-

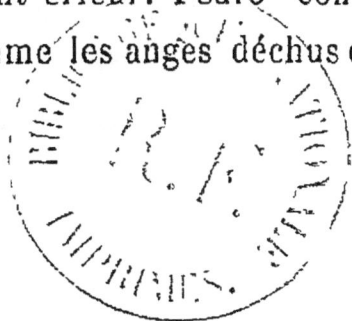

9

templer le ciel, puis, faisant un geste de désespoir, il se précipita hors de l'appartement.

« Qu'a-t-il donc ? » demanda la bonne veuve avec étonnement, car depuis le retour de son fils elle ne comprenait plus la peine.

« Il est malheureux, répondit Marcien tristement.

» — Eh bien ! reprit en souriant la bonne mère, nous aviserons au moyen de le consoler. »

XIII

Conjectures.

Il paraissait certain qu'un sombre mystère pesait sur la vie de l'étranger ; il ne laissait rien pénétrer de ses projets d'avenir, non plus que de son passé ; et le respect dû aux lois de l'hospitalité, si rigoureusement observées dans cette famille au caractère primitif, ne lui permettait pas d'exercer à ce sujet une recherche indiscrète. D'ailleurs, bien des motifs de distraction venaient partager l'attention qu'on pouvait porter sur Pédro.

Depuis le retour de Louis, tous ses anciens amis et camarades, ses parents les plus éloignés, voire même les indifférents, le sachant devenu riche et, comme il arrive toujours, s'exagérant encore sa fortune, venaient à l'envi le visiter, le complimenter, cherchaient à l'attirer chez eux ; et ceux qui autrefois ne le regardaient seulement pas, lui faisaient aujourd'hui mille offres de services et des propositions d'établissement. Circonvenu par une foule de pères de famille, d'industriels, de spéculateurs à grands projets, Louis, sans se laisser prendre à toutes leurs offres, trouvait que quelques-unes valaient la peine d'un examen ; et, en attendant qu'il prît un parti, son amour-propre jouissait de l'empressement dont il se voyait l'objet.

Absorbée dans la contemplation de ce fils, la joie de ses succès, la confidence de ses projets, et la foule des curieux et des complimenteurs qui se pressaient chez elle, Mme Vandenberghe n'avait pas laissé que de former un projet, qui lui semblait le seul propre à acquitter sa dette envers Pédro. Quelque singularité qu'il parût y avoir dans la conduite de l'étranger, la bonne mère ne voyait en lui que l'être bienfaisant qui lui avait rendu son fils ; elle lui attribuait un noble caractère et cherchait toujours à intepréter ses actions favorablement.

Marcien était celui de toute la famille qui étudiait avec le plus d'inquiétude les excentricités de Pédro. Elles lui semblaient non-seulement l'indice d'un passé orageux, mais encore de passions mal éteintes et prêtes à faire explosion à la première étincelle. Pour un observateur expérimenté, ces passions pouvaient se lire successivement dans cet œil mobile, à demi voilé par la contraction d'épais et noirs sourcils ;

et ce n'était pas sans effroi que Marcien
pressentait les projets de sa mère.

Depuis l'entretien qui avait eu lieu entre
Pédro et Mitje, au sujet d'Henderick, la
pauvre vieille femme, dont la vie n'était déjà
plus qu'un souffle, avait eu les nerfs encore
plus ébranlés, et devenait chaque jour plus
incapable de marcher, et même de faire
son pauvre petit ménage. Camille, sortant
furtivement à cet effet tous les matins, lui
rendait ce service; allumant son feu, faisant
son lit, balayant sa chambre et lui apprê-
tant toutes ses provisions, auxquelles il faut
dire que Pédro pourvoyait généreusement,
sans que Mitje le sût.

Jamais le nom de l'étranger n'était échangé
entre la jeune fille et la vieille femme;
cependant un jour cette dernière s'avisa de
demander à son angélique ménagère si Pédro
avait quitté la ville.

Sur la réponse négative de Camille, elle

lui dit : « Mon enfant, méfiez-vous de cet homme, et dites à votre mère de s'en méfier. »

Camille, craignant dans son ingénuité de mécontenter la malade, garda le silence, et se borna à se dire à elle-même : « C'est cependant lui qui fournit aux besoins de votre vieillesse. »

Les observations de Marcien par rapport à Pédro n'étaient que trop fondées ; aux remords du passé venaient se joindre, pour tourmenter cette âme fougueuse, les plus cruels combats. Il commençait à comprendre tout ce qu'il y a de douceur dans une vie innocente et paisible, et à contempler avec un œil d'envie le bonheur basé sur la vertu, dont il avait sous les yeux un tableau plein de charmes. Convaincu que cette existence si heureuse n'aurait jamais pu s'allier avec ses odieux antécédents, il sentait les remords du passé étouffer en lui les espérances de l'avenir, et il rugissait intérieurement devant cette félicité dont il se croyait à jamais déshérité, comme une bête fauve devant une proie qui irrite sa rapacité et qu'elle ne peut atteindre.

Tel était le secret des orages qui bouleversaient le cœur et le front de Pédro et qui, d'épuisement, finissaient toujours par le réduire à un état de prostration complète.

L'ange déchu n'avait jamais si bien compris sa misère que depuis qu'il avait contemplé l'ange de la vertu et l'innocence dans toute sa splendeur. En suivant du regard son vol, à la fois léger et élevé, dans les régions célestes, et la grace ingénue avec laquelle il semblait l'inviter à prendre aussi son essor, que n'eût-il pas donné pour pouvoir le suivre? Mais le poids de ses ailes souillées arrêtait son élan, et détruisait bien vite une illusion si chère pour ne lui faire sentir que l'abjection où il est tombé, et qui devait le rendre à jamais indigne du sort heureux qu'il n'avait entrevu que pour augmenter son supplice.

FIN DE LA PREMIÈRE PARTIE.

PÉDRO

PÉDRO

Par l'auteur de Bruno.

DEUXIEME PARTIE.

LILLE

L. LEFORT, IMPRIMEUR – LIBRAIRE.

1851.

PÉDRO

XIV

Réjouissances.

Les visites et les invitations dont Louis
était l'objet de la part de plusieurs parents
qui avaient négligé sa famille dans son infortune, se bornant seulement alors à faire,
aux grandes époques, de cérémonieuses visites
à leur vieille parente, déterminèrent enfin

Mme Vandenberghe à s'en rapprocher aussi
de son côté, en les invitant à une fête
qu'elle voulait donner en réjouissance de
l'heureux retour de son fils.

Les préparatifs de cette fête furent d'autant plus longs qu'on voulait la rendre très-
solennelle. Les appartements si long-temps
fermés se rouvrirent. Les grands salons aux
boiseries sculptées, aux antiques ornements
furent remis à neuf, sans perdre le caractère qui leur était particulier. L'argenterie
séculaire, ternie par tant d'années de re-
pos, fut nettoyée avec soin; les porce-
laines du Japon et le plus beau linge da-
massé furent tirés du fond des armoires.
On fit venir de loin des comestibles recher-
chés, des primeurs, des fleurs rares; des
vins précieux, qui comptaient un grand
nombre d'automnes, furent visités dans les
caves profondes, et l'on désigna les bou-
teilles qui devaient être consommées dans

ce repas, le plus magnifique que la petite
ville pût se flatter d'avoir jamais vu.

La vieille mère semblait avoir retrouvé
toute la vivacité de ses jeunes années; elle
déployait une gaieté, une activité que Camille, étonnée, ne se rappelait pas lui avoir
jamais vues; et la jeune fille en était si
contente, que son regard triomphant semblait
défier qui que ce fût de lutter de bonheur
avec elle.

Le jour de la fête est arrivé; elle commence par une messe solennelle d'actions
de graces. Par un mouvement spontané, les
voisins, les habitants des rues que doit
traverser la famille aimée et respectée ont
décoré leurs maisons et jonché le sol de
fleurs, pour témoigner la part qu'ils prennent à sa joie. On dirait la fête de toute
la ville : Les grosses cloches sont en branle,
et à leurs sons graves et augustes le carillon
de la tour marie ses airs joyeux. Chacun

veut voir passer la vieille mère, donnant
la main à son fils ; elle semble rajeunie de
dix ans ; elle a quitté ses vêtements de deuil
pour un costume d'une décente magnifi-
cence. Après elle, Camille, vêtue de blanc
et rayonnante de bonheur, donne le bras
à Marcien. Derrière eux, viennent le bel
étranger et le digne capitaine, à qui Louis
doit le principe de sa prospérité. Ce cortège
est complété par les parents et amis conviés
à la fête. D'autres se joignent à eux dans
l'église qui est pleine comme en un jour de
noce. Deux haies de pauvres en bordent
les avenues ; la reconnaissance plus que
l'intérêt les amène.

Dans sa médiocre position, Mme Vandenberghe ne les a jamais négligés, elle leur
donnait sa modeste aumône en leur disant :
« Priez pour mon fils. » Riche, depuis le retour de son fils, elle leur a fait de plus larges
offrandes ; et en ce jour surtout elle leur

distribue mille bienfaits ; aussi la comblent-
ils de bénédictions ainsi que toute sa famille.

Au sortir de l'église, un dîner attendait les
convives ; la soirée devait en amener un sur-
croît, et un splendide souper devait terminer
cette brillante journée.

Autour d'une table en fer à cheval, les
nombreux parents et les plus intimes amis
de Mme Vandenberghe étaient réunis au nombre
de plus de quarante personnes. Malgré le riant
motif de la réunion, on resta quelque temps
froid et silencieux ; c'est l'ordinaire entre
nombreux convives. Tous ne se connaissent
pas ; les uns observent, les autres satisfont
leur premier appétit ; on n'entendait guère
que le bruit des cuillers et des assiettes. Si
l'on causait, c'était tout bas avec ses voisins ;
personne n'animait encore assez la conversation pour qu'elle devînt générale. Marcien,
qui avait présidé à la disposition des places,

avait eu soin de placer Pédro à côté de sa mère, au centre de la table.

Quelque effort que fît Mme Vandenberghe pour distraire le sombre voisin dont elle était chargée, elle n'en pouvait venir à bout; jamais Pédro n'avait été si rêveur. Il ne parlait pas, mangeait encore moins et semblait plongé dans une préoccupation profonde.

Au second service, le repas s'anime davantage; l'intimité commence à s'établir entre les convives. Au dessert, les joyeux propos circulent, l'expansion se gagne, la confiance dilate les cœurs.

Les félicitations recommencent de plus belles. Elles s'adressaient surtout à Mme Vandenberghe. On rappelle la conduite si estimable de toute sa vie; on dit qu'elle recueille en ce jour le prix de son dévouement de bonne mère, et qu'elle a bien mérité son bonheur; on lui en souhaite la continuation,

on lui porte plusieurs toasts, ainsi qu'à ses
fils et à sa fille.

Des larmes de joie mouillent les yeux de
l'heureuse mère ; son cœur déborde, elle a
besoin d'exprimer les sentiments qui le rem-
plissent : elle retrace l'esquisse de ses douleurs passées, pour mieux faire ressortir le
tableau de sa joie présente ; elle raconte
toutes les circonstances par lesquelles a passé
son fils pour en glorifier la Providence, qui l'a
ainsi protégé au milieu de tant de périls, et
pour honorer l'ami dont la bienveillance, en
le tirant de la misère, avait préparé son bien-
être ; enfin elle arrive au récit de la délivrance
de son fils par un autre ami, également présent, qui lui avait sauvé la vie. Elle conclut
en proposant la santé de ces deux messieurs,
qui fut unanimement portée de grand cœur.

« M. Morhaert, reprit la bonne dame,
en s'adressant au capitaine placé à sa droite,
c'est au cœur de mon fils à lui dicter la ma-

nière dont il doit s'y prendre pour vous
témoigner sa reconnaissance ; mais je soup-
çonne qu'avant peu il aura encore une nou-
velle grace à vous demander; cela le re-
garde, je le laisserai débattre cette affaire
avec vous.

» Quant à moi, ajouta-t-elle, en se retour-
nant vers son voisin de gauche, j'ai beaucoup
réfléchi au moyen de payer convenablement
sa dette à son ami Pédro, et j'ai pensé que
j'étais en fonds pour m'en charger. Nous en
reparlerons. »

En disant ces mots, elle se leva de table,
et toute-la compagnie la suivit dans le salon
où le café venait d'être servi.

Louis, très-ému, s'approcha de Pédro, qui
ne l'était pas moins, et l'entraînant dans une
embrasure de fenêtre :

« Avez-vous compris, lui dit-il, le sens
des paroles de ma mère ?

» — En ce qui vous concerne, oui, répondit l'étranger ; mais par rapport à moi, je craindrais de m'abuser.....

» — Eh ! non, mon cher camarade , s'écria Louis en se jetant à son cou , ne craignez pas, je crois avoir lu dans votre cœur , et si Camille, à vos yeux , n'est pas une récompense suffisante , sachez que je la dote en partageant avec elle les biens dont je vous dois la conservation. »

Un éblouissement passa devant les yeux de Pédro ; il chancela , et Louis, un moment, put croire à quelque hésitation de sa part. Mais il se remit et répondit : « Melle Camille Vandenberghe, ne possédât-elle rien au monde, est, par sa vertu, d'un prix si inestimable , que, fussé-je mille fois plus riche, je me croirais indigne, mais trop heureux de l'obtenir.

» — Si vous n'avez pas d'autre objection, je puis déjà vous regarder comme mon frère ; car l'homme qui comprend ses devoirs et qui aime sa femme parvient toujours à se rendre digne d'elle.

» — Mais si j'allais ne pas obtenir son consentement, ni l'approbation de votre frère aîné ?...

» — Les intentions de ma mère ne vous garantissent-elles pas tout le reste ?

XV

Soupçons.

PENDANT cet entretien, les convives invités pour la soirée commençaient à remplir le salon. On organisa des tables de jeux pour les personnes âgées, et l'on avisa aux moyens d'occuper la jeunesse d'une façon moins sérieuse.

Encouragé par les ouvertures de Louis, quoique non entièrement rassuré, Pédro avait repris quelque sérénité et montrait plus d'abandon qu'il n'avait coutume de le faire.

La belle action par laquelle il avait si
valeureusement délivré Louis, et les paroles
de Mme Vandenberghe le rendirent l'objet
d'une grande attention, surtout de la part
des nouveaux arrivants qui en avaient entendu parler, mais qui ne l'avaient pas
encore rencontré.

L'un d'eux, officier de marine, ne se
lassait pas de le considérer, et, après l'avoir
longtemps regardé en silence, ne put s'empêcher de laisser échapper cette exclama-
tion :

« On dirait que c'est lui !....

» — Qui, lui? demanda un curieux qui
l'avait entendu.

» — Quelqu'un qui m'a rendu service...

» — Cela n'est pas surprenant : il paraît
que c'est un héros de l'humanité.

» — Un héros, hum !.... c'est suivant
la manière dont on l'entend ; quant à moi, je
n'ai aucun droit de m'en plaindre.

» — Mais enfin qui est-il, cet étranger?

» — Oh! mais, je n'en sais rien, je parlais seulement d'une ressemblance. »

Et l'officier, échappant à son interlocuteur, alla joindre un de ses compagnons :

« As-tu remarqué cet homme ? lui dit-il.

» — Quel homme ?

» — Celui dont tout le monde s'occupe aujourd'hui et qu'on dit être le sauveur de Louis Vandenberghe.

» — Je ne fais qu'arriver ; où est-il ?

» — Là, près de la maîtresse de maison.

» — Ce beau cavalier au teint brun, aux noires moustaches ?

» — Précisément ; à qui trouves-tu qu'il ressemble?

» — Eh ! mais... tu as raison ; au fameux Bras-de-Fer.

» — N'est-ce pas ?

» — Il n'y a que la différence de la coupe de la barbe et des cheveux.

11

» — Si c'était lui !

» — Allons donc, Bras-de-Fer dans une
telle société !

» — Mais, mon cher, ce n'est pas impossible, personne ne connaît cet individu ; on
ne sait qui il est ni d'où il vient.

» — Cette famille si confiante ne le sait
peut-être pas non plus; il faudrait l'éclairer.

» — Ce n'est pas moi, toujours, qui me
chargerai de cette délation. Rappelle-toi
de quelle manière généreuse il en a agi
envers nous.

» — Il est vrai, il y a de la générosité
dans ce brigand-là, et il nous a relâchés
nous et tout notre équipage, dès qu'il a su
que nous appartenions à cette ville. Mais tu
as beau dire, il y a conscience à laisser une
famille respectable entre de pareilles mains.

» — Cet homme a peut-être des sentiments aussi élevés que les nôtres.

» — Oh ! tu ne me feras pas croire que

je ne vaille pas mieux qu'un pirate, quel qu'il soit. »

En disant ces mots, l'officier s'avança vers Marcien, et le prenant à part :

« Savez-vous, lui dit-il, les antécédents de l'hôte que vous avez reçu chez vous?

» — Le connaissez-vous? demanda Marcien fort agité.

» — Un peu ; c'est un serpent que vous nourrissez dans votre sein. »

Puis il raconta ce qu'il savait du fameux Bras-de-Fer, et ajouta qu'il ne doutait point que Pédro ne fût ce pirate lui-même.

« Pour l'amour du Ciel, gardez là-dessus le silence, dit Marcien, je me charge d'éclaircir la chose. »

Malgré cette recommandation, les indiscrétions de l'officier et ses réticences affectées firent naître divers soupçons, et des chuchotements circulèrent dans la foule.

Marcien comprit que le moment était venu

d'avoir une explication, et qu'elle ne se pouvait plus reculer.

La fête finit moins gaîment qu'elle n'avait commencé.

XVI

Révélations.

L'œil perspicace de Pédro avait vu tout ce qui s'était passé, et l'illusion qui venait de le bercer allait faire place à un orage affreux dont les grondements sourds commençaient à se faire entendre. Il comprend qu'une explication devient inévitable et que, s'il ne la prévient pas, elle tournera encore plus à sa honte.

Il veut éviter cette dernière dégradation d'être chassé comme un intrigant de cette maison qu'il vénère, et dont il n'a pas eu l'intention de troubler la paix.

Il veut la quitter spontanément, cette
demeure qui lui offre sans cesse l'image d'un
bonheur auquel il ne lui est pas donné
d'oser prétendre; et, en la quittant, s'il
ne peut dissimuler les crimes qui prononcent
son irrévocable exclusion, il veut au moins
qu'on sache qu'il ne s'est pas rendu indigne
de l'hospitalité qu'il a reçue.

Mais où ira-t-il? Sera-ce auprès des anciens compagnons qui lui sont devenus odieux,
et dont il n'a que trop partagé les crimes?
sera-ce auprès d'une mère qui expirerait en
le maudissant, si elle connaissait sa vie?
sera-ce dans la société d'honnêtes gens qui
le rejetteraient de leur sein? sera-ce dans
la solitude, où l'aiguillon du remords se
fera sentir encore plus poignant?

Il ne voit aucun coin de la terre où il
puisse cesser d'être malheureux. Alors une
horrible pensée s'empare de son âme. Le
démon du désespoir entre dans ce cœur, qu-

vert aux plus affreuses suggestions. En finir avec la vie, telle est la résolution qui s'est présentée à son imagination et qui la domine.

. Pendant que la famille se rend à la prière, il monte furtivement à sa chambre.

Marcien rapproche les circonstances, les aveux, les indiscrétions; il sent qu'il doit s'enquérir de la vérité, et il redoute de la découvrir; il ne veut pas se livrer au sommeil, il appelle Louis, et lui fait part de la fâcheuse découverte dont il s'agit de vérifier l'exactitude. Louis rejette une pareille idée; il ne veut rien croire de défavorable à Pédro. Il veut châtier comme de vils calomniateurs ceux qui ont osé le noircir. Marcien s'efforce de lui insinuer la modération et la prudence.

Après avoir discuté quelque temps, les deux frères sont forcés, vu l'heure avancée, de remettre toute enquête au lendemain.

Pendant ce temps, Pédro traçait les lignes suivantes :

« O vous, que je n'ose nommer mes amis,
recevez les adieux du plus malheureux des
hommes. La voix du devoir que j'ai trop
longtemps méconnue m'impose l'obligation
de vous fuir. Trop longtemps la présence
d'un être maudit de Dieu et des hommes
a souillé votre maison. Pardonnez-moi de
vous avoir trompés ; vous êtes vengés par
les regrets infernaux que me laisseront à
jamais ces biens que vous m'avez fait connaître et dont je suis indigne. Près de vous
j'ai goûté les seuls beaux jours que j'aie
connus sur la terre ; merci pour ces joies
inéffables, dont l'enfer au-dedans de moi
troublait seul la jouissance. Merci de tout
le bonheur que vous vouliez me donner ,
pour prix d'une action à laquelle vous aviez
la bonté d'attacher quelque mérite. J'en ai
été trop payé par quelques jours d'une estime usurpée, qui ne m'a enivré que pour
me faire mieux connaître le bonheur auquel

il me faut renoncer. Je vous lègue mes biens,
injustement acquis ; l'usage que vous en ferez
les purifiera ; je vous lègue ma mère que
j'ai abandonnée et reniée, alors qu'elle se
sacrifiait pour moi. Oh ! je ne dois attendre
de vous que le plus juste mépris, et pourtant accordez un souvenir de pitié au coupable et infortuné

» PIERRE HENDERICK. »

Après qu'il eut tracé péniblement ces
mots, les forces lui manquèrent, et cet
homme si ferme, si robuste, succombant
sous le poids d'émotions accumulées, tomba
sans connaissance en proie à une fièvre ardente : quand il revint à lui, il se trouva
en présence de Marcien et de Louis qui lui
prodiguaient leurs soins.

Ils avaient lu ses adieux, ils avaient entendu les expressions du remords et du désespoir qui lui étaient échappées dans son

délire; une profonde compassion dominait
leurs cœurs douloureusement affectés.

« Que faites-vous! dit Pédro, éloignez-
vous d'un maudit!... Laissez-moi mourir, je
ne mérite pas d'être soigné par la main
des anges.

» — Le repentir sincère, dit Marcien,
quelles qu'aient pu être les fautes d'un
homme, peut toujours le réhabiliter. Qui
oserait mépriser un coupable qui veut revenir au bien? Dieu est plus indulgent
encore, et jamais il n'a rejeté le cœur qui
s'accuse et qui veut revenir à lui. »

Quelque bonnes que fussent ces paroles,
le désespéré Pédro n'y voulut voir que l'expression d'une compassion forcée.

« Je ne m'abuse pas, répliqua-t-il, je
ne puis inspirer ici que de l'horreur; une
compassion charitable est tout ce que vous
pouvez désormais m'offrir; c'est plus que je
n'en mérite, et je n'ai pas le droit d'en

souhaiter davantage. Mais ces consolations banales que la religion prétend accorder au repentir ne sauraient guérir mes plaies. Elles sont trop profondes. Que n'ai-je su mourir avant la révélation de ce fatal secret ! Je serais mort votre ami.... mais au moins je ne survivrais pas à votre mépris !...

» — Oh ! mon cher Pédro, s'écria Louis avec chaleur, quels que soient les reproches que tu crois avoir à te faire, et de quelque manière que les autres puissent te considérer, je verrai toujours en toi mon libérateur ; et, dans quelque lieu que tu te retires, je ne t'abandonnerai jamais à ton malheureux sort.

» — Le néant est l'asile qui me convient, répondit Pédro avec une sorte de fureur concentrée. Toi, jouis de l'avenir qui s'ouvre devant toi. »

Louis voulut en vain combattre le désespoir de Pédro, les arguments lui manquaient....

Pendant ce colloque qu'était devenu Marcien !.... Pourquoi sa voix grave et chrétienne ne se mêlait-elle pas à ce solennel débat ?

Marcien venait de faire une découverte horrible. Un coup-d'œil jeté autour de la chambre du malade venait de lui révéler un affreux mystère.

Durant la nuit qui avait précédé l'évanouissement de Pédro, celui-ci avait fait quelques dispositions de départ. Un portefeuilles contenant des valeurs avait été posé sur une table ; c'était le legs de celui que le désespoir allait rayer de la liste des vivants. A côté de ce dépôt était un petit coffret, meuble élégant et gracieux, qui semblait rappeler quelque souvenir nuptial.

Marcien un peu rassuré sur l'état physique du malade, depuis que ce dernier avait repris ses sens, jetait machinalement les yeux sur ces objets, quand son attention fut attirée à la fois sur le petit meuble, qui lui rappelait les jours si heureux et si courts de son mariage.

Ce coffret était exactement pareil à celui dont Marcien avait fait hommage à sa jeune épouse le jour de ses noces, et qui avait été dérobé lors de la catastrophe à jamais désastreuse qui avait causé la perte de l'objet de ses affections.

Marcien s'approcha frémissant, ouvrit le coffret, et y reconnut tous les bijoux qui avaient appartenu à sa femme.

Il n'y avait plus de doute ; Pédro était l'un de ses bourreaux.

Marcien n'eut que la force de se traîner hors de cette chambre.

—◇◇◇—

XVII

Héroïque effort.

C'est en présence de Dieu seul que Marcien veut endurer la poignante émotion qui s'est emparée de lui. L'homme qu'il a recueilli, qu'il a soigné, consolé et traité comme un ami, cet homme n'est pas seulement un de ces fléaux que la société rejette de son sein, cet homme est encore le meurtrier de sa femme et de son enfant.

Oh! qui pourrait dire tous les combats qu'un juste ressentiment livre à la charité chrétienne dans le cœur de Marcien,

N'est-ce point accomplir suffisamment le précepte de cette charité que de faire évader ce criminel et de ne point le livrer aux lois ?

Mais le Christ a prié pour ses bourreaux ! Marcien priera pour Pédro.

Le Christ a traité Judas du nom d'ami !

Mais lui, Marcien, pourra-t-il élever son cœur déchiré à une telle perfection ?...

Ce débat intérieur se passait dans la chapelle, où M\u1d50\u1d49 Vandenberghe, déjà mieux informée que la veille, venait d'entrer aussi pour épancher devant Dieu les déceptions de son cœur maternel.

Voyant son fils profondément prosterné et absorbé dans la méditation, elle craint de le troubler et se contente de gémir et de prier tout bas.

Tout-à-coup Louis se précipite dans l'oratoire avec une impétuosité qui fait tressaillir sa mère et son frère.

« O Marcien ! s'écria Louis, Marcien,
accourez ; le voilà qui part !.... Et dans
l'exaltation d'esprit où il se trouve, il est
trop certain qu'il va se porter à quelque
funeste extrémité !

» — Et vous le laisserez faire ? s'écrie
Marcien, vous, Louis, dont il a sauvé la vie !
Permettrez-vous qu'il attente à la sienne ?

» — Hélas ! mon frère, je lui ai dit tout
ce que j'ai pu pour le réconcilier avec l'existence ; mais ni mon dévouement ni mes
raisonnements ne peuvent rien.

» — Oh ! ma mère, ma mère, continua
Marcien qui cherchait encore un moyen d'é-
chapper à la mission surhumaine que le Ciel
semblait lui désigner, vous, qui avez tant
de piété et de religion, laisserez-vous ainsi
périr ce malheureux ? ne trouverez-vous pas
dans votre cœur quelques paroles consola-
trices pour l'arracher à un acte de désespoir ?.....

» — Moi !... répondit la pauvre dame éperdue, que voulez-vous de moi ? S'il ne vous écoute pas, écoutera-t-il mieux une femme ?

» — Eh bien ! ce sera moi, moi qui irai, dit Marcien avec fermeté. O mon Dieu, soutenez ma faiblesse ! »

Et il se leva avec résolution.

Une voiture se trouvait sous la porte, déjà Pédro s'élançait sur le marche-pied.

« Vous ne partirez pas ! s'écria Marcien en le saisissant par le bras, il faut que vous m'accordiez un moment d'entretien.

» — Je ne veux rien entendre, dit Pédro d'un ton déterminé. Toutes vos paroles seraient inutiles. Je n'ai qu'un parti à prendre, celui de mourir.

» — Vous m'écouterez auparavant, dit Marcien d'un ton non moins ferme, je vous adjure au nom de Dieu...

» — De Dieu ?... Il m'a maudit.

» — Au nom de votre mère....

» — Ma mère ! je l'ai renoncée !....

» — Eh bien ! Pédro, je vais faire un dernier appel à votre loyauté....

» — Ma loyauté ! s'écria Pédro avec une amère ironie.

» — A votre loyauté !... Vous céderez au nom d'une de vos victimes.

» — Quelle victime ?.... dit Pédro qui commençait à s'émouvoir.

» — L'être que j'ai le plus aimé.... et si vous voulez des preuves de ce que j'avance...

» — Juste ciel ! n'achevez pas !.... Je comprends tout..... Oui, vous avez droit de vie et de mort sur moi. C'est à vous à ordonner mon supplice, à moi de m'y soumettre.

» — Je vous ordonne de vivre !... Je veux vous empêcher d'ajouter à vos erreurs passées un nouveau crime. »

Pédro restait comme accablé sous un poids intolérable ; puis, d'une voix sombre :

« Si vous saviez ce que c'est que de supporter la honte et le remords dont je suis accablé, vous auriez pitié....

» — Penseriez-vous y échapper en mourant? La honte s'attacherait à votre tombe, et le remords vous poursuivrait dans l'éternité. Oh! Pédro, ce n'est pas dans une mort criminelle que s'effacent les souillures de l'âme, mais dans les efforts d'un repentir sincère et durable.

» — L'éternité ne saurait m'offrir un avenir plus affreux que la vie.

» — Que dites-vous?... Que savez-vous?... Une carrière s'ouvre devant vous, et vous y avez même déjà fait quelques pas dont Dieu et les hommes vous tiennent compte; elle est hérissée d'épines, sous lesquelles se trouveront des fleurs; cette carrière, c'est la pénitence. A mesure que vous y avancerez, vous sentirez votre fardeau s'alléger; vous n'y ferez pas un pas qui ne vous réhabilite

aux yeux de Dieu et du monde ; vous saurez
reconquérir tous les droits à l'estime, ra-
cheter par vos bonnes actions les maux que
vous avez pu causer. Vous serez le bienfaiteur de l'humanité, après en avoir été le fléau ;
vous vous ferez bénir, après vous être fait
maudire. O Pédro, cette perspective n'a-
t-elle pas de quoi tenter un cœur comme
le vôtre ? »

Pédro écoutait, il n'objectait plus rien.
Enfin, il s'écria :

« Homme généreux, il faut bien croire
en Dieu, puisque c'est lui qui vous inspire !
Votre magnanimité me confond. Je n'implore-
rai point un pardon dont je suis trop indigne. Humainement vous ne pouvez me
l'accorder ; chrétiennement, vous l'avez déjà
fait. Je m'abandonne à vous ; j'entrerai dans
la voie d'expiation que vous me tracerez :
je vous en donne ma parole, et jamais elle
n'a été vaine. »

XVIII

Le lit de mort.

Dans une petite chambre pauvre, mais très-propre, gisait sur un lit soigneusement fait, une vieille femme d'une excessive maigreur, luttant contre les approches de la mort.

Une jeune fille, gracieuse et empressée, frictionnait avec un zèle infatigable les membres desséchés de la malade pour y ranimer un reste de vie.

C'était Mitje, c'était Camille.

« Combien pensez-vous, mon enfant, dit

13

la vieille, que je puis encore avoir de temps
à vivre ?

» — Je l'ignore, ma bonne mère ; il
faut abandonner cela à la Providence de
Dieu.

» — Déjà mes yeux sont tellement affai-
blis que je ne puis plus distinguer vos traits,
mon enfant. C'est un signe de destruction
prochaine. Cependant je sens encore votre
main bienfaisante qui ramène un peu de
chaleur dans mes membres. Oh ! tâchez de
prolonger encore mon existence...

» — C'est à quoi tendent tous mes soins,
ma bonne Mitje. Mais qu'avez-vous besoin
de craindre l'instant qui doit vous réunir à
votre Créateur, vous, qui avez toujours aimé
Dieu, qui avez tant souffert ?....

» — Je pourrais vous répondre, mon
enfant, que des consciences plus pures que
la mienne ont encore cru devoir redouter les
jugements de Dieu, mais hélas ! ce n'est

pas l'unique pensée qui m'occupe ; et ; à cet instant suprême, la même faiblesse qui a dominé toute ma vie, partage encore mon cœur entre la terre et le ciel.

» — Vous voulez parler de votre fils : ma bonne mère, il faut en faire un sacrifice à Dieu, et espérer que vous le reverrez dans le paradis.

» — C'est effectivement mon espérance, puisque tant de prières, tant de larmes n'ont pu obtenir de Dieu que je le revisse en ce monde. Oh ! ces prières et ces larmes ne peuvent être perdues auprès de Celui à qui rien n'est caché. Mais il faut l'avouer, mon enfant, je m'étais fait une douce illusion ; je m'étais toujours figuré que Dieu serait assez bon pour m'accorder encore la douceur d'embrasser mon Henderick avant de mourir, pour arrhe du bonheur plus grand de lui être réunie à jamais ; il me semblait que mon bon ange me l'avait promis, et il

m'est pénible, plus pénible que je ne peux
l'exprimer de renoncer à cette illusion.

» — Ma bonne Mitje, dit Camille, pensez à la sainte Vierge Marie.

» — Enfin, mon enfant, que Dieu me
le pardonne ! Mais, tant que je n'aurai pas
rendu le dernier soupir, je ne pourrai me
défendre d'entretenir cette espérance, dé-
raisonnable sans doute. »

Un petit coup frappé discrètement à la
porte interrompit cette conversation.

Marcien entra tout doucement et ne causa
aucune surprise. Sa présence au chevet de
la douleur n'avait rien d'extraordinaire.

Cependant Mitje, toujours dans l'attente
de quelque évènement, demanda : « Quelles
nouvelles ?

» — Je n'en ai pas de mauvaises, répondit Marcien ; mais vous-même, la bonne
mère, comment vous trouvez-vous ?

» — Il doit vous paraître étrange, reprit

Mitje sans faire attention à cette question, que je m'inquiète de nouvelles jusqu'aux portes de la mort. Mais je ne puis m'empêcher d'attendre toujours mon fils ; et, je ne sais pourquoi, mon espérance est en ce moment plus ferme que jamais.

» — Une si longue attente mérite bien en effet d'être couronnée.

» — Mes yeux sont éteints, et je ne pourrais plus le voir, mais au moins je pourrais encore le serrer dans mes bras ; je pourrais lui faire entendre les bénédictions dont je le comble chaque jour en secret. »

Un sanglot se fit entendre derrière la porte.

« Qu'est-ce ? » dit la vieille en se redressant.

Camille interrogea son frère d'un regard étonné.

Il lui fit signe de garder le silence.

« Vous désirez donc absolument, ma bonne mère, embrasser votre fils ?

» — Si je le désire !.... Mais parlez, avez-vous entendu dire qu'il fût arrivé ?

» — Il pourrait l'être ; vous savez que rien n'est impossible à Dieu. Mais sa présence ne vous causerait-elle pas trop d'émotion?

» — Non, non ; qu'il se hâte ! je n'ai plus que peu d'instants à vivre. Je sens doubler mes forces en ce moment, mais je paierai cela bientôt.

» — Eh bien ! ma bonne mère, votre fils n'est pas loin.

» — Mon Henderick ! s'écria Mitje en ouvrant ses bras décharnés.

Un homme s'y précipite à genoux et baigne ses mains de larmes. Cet homme, elle ne peut voir ses traits ; mais Camille, au comble de la surprise, a reconnu Pédro.

Un nouveau signe de son frère arrête le cri prêt à s'échapper de ses lèvres.

« C'est donc toi, mon cher fils, qui viens fermer les yeux à ta pauvre mère.

» — Oui, ma mère, c'est votre Henderick, bien coupable, répondit-il d'une voix entrecoupée de sanglots.

» — Mais bien repentant, se hâta d'ajouter Marcien.

» — J'en étais sûre qu'il serait un nouvel Augustin. J'ai toujours tout espéré de lui, malgré les soupçons qu'on a voulu faire naître en mon âme, particulièrement ce méchant Pédro qui me voulait faire croire que tu ne reviendrais jamais à ta mère, que tu étais un dépravé, un ....

» — Ne lui en voulez pas, interrompit Marcien; c'est à Pédro que vous devez le retour d'Henderick.

» — Alors qu'il soit mille et mille fois béni, et que le Ciel me pardonne mon injustice!

» — Il n'y a point d'injustice, ma mère;

mais Dieu et Marcien savent changer les cœurs.

» — Comment cela a-t-il pu se faire ? dit Mitje en retombant sur ses oreillers. Je n'y saurais rien comprendre, et le voile qui couvre mes yeux commence aussi à s'étendre sur mon intelligence.... Je dois renoncer, mon cher fils, à satisfaire ma curiosité dans ce monde, mais nous nous retrouverons dans l'autre !... Béni soit Dieu d'avoir accompli mon dernier vœu sur la terre. Je ne dois plus songer qu'à l'éternité !.... Mon fils !.... Mon cher Henderick, je te bénis. »

Peu d'instants après, un prêtre réuni à ce groupe récitait les prières des agonisants. Henderick y répondait avec la plus profonde émotion.

Quelques instants encore plus tard, il couvrait de baisers et de pleurs le corps inanimé de sa mère.

Pédro veilla jour et nuit auprès de cette dépouille si vénérable et si chère.

Ce fut là qu'il médita le sérieux changement de vie, qu'il n'avait encore fait qu'entrevoir.

Le prêtre qui avait assisté la mourante revint plus d'une fois dans cet humble asile.

La pauvre femme, qui avait passé sa vie dans les plus obscurs sacrifices, fut honorée après sa mort par les funérailles les plus solennelles.

Derrière le corps marchait, soutenu par Marcien et Louis, un homme vêtu de longs vêtements de deuil ; il versait des larmes abondantes et la douleur semblait le courber vers la terre.

Aucun de ceux qui le regardaient passer ne reconnaissait en lui le superbe Pédro, mêlé au cortège joyeux qui traversait les mêmes rues peu de jours auparavant, ni le farouche Bras-de-Fer dont on disait tant de mal.

XIX

Départ.

Après avoir rendu les derniers devoirs à sa mère, Henderick ou Pédro délibérait sur le parti qu'il avait à prendre. S'il eût suivi sa première impulsion, il aurait été demander un asile dans une de ces austères solitudes, dont les habitants ne tiennent à la terre que par l'exercice d'une rude pénitence. Mais telle ne fut pas la pensée de Marcien. Il pensait plutôt que les connaissances maritimes et le courage guerrier, qui avaient été jusqu'alors déployés si souvent au profit des œuvres les plus injustes, devaient être désormais consacrés à l'accomplissement du devoir et au service de l'humanité.

Pédro se laissa guider par les avis de celui dont il se regardait avec raison comme le débiteur et comme l'esclave.

La guerre soutenue par les Américains contre le gouvernement anglais avait excité les sympathies de la France. Ce n'était pas seulement une question politique, c'était aussi pour plusieurs une question religieuse; puisque la première condition de la liberté réclamée devait être le libre exercice du culte catholique, dans la plus vaste de toutes les contrées, d'où la domination anglaise tendait à l'exclure comme dans toutes les provinces qui lui étaient soumises.

Outre les puissants secours envoyés par le gouvernement français, plusieurs têtes ardentes se passionnaient pour cette cause,

et l'on voyait de jeunes volontaires consacrer leurs personnes et leurs biens à la
poursuite de cette entreprise désintéressée.

Pédro eut le désir de se joindre à eux.
Louis, tant par dévouement pour lui que
par enthousiasme, voulut absolument l'accompagner.

Le capitaine Morhaert commandait une
corvette équipée pour amener un renfort de
ces volontaires qui allaient joindre l'armée
française. Il fut convenu que ce capitaine
recevrait Louis et Pédro à son bord.

La société de Louis était d'une consolation infinie pour celui qui se regardait
désormais comme un proscrit; en le retenant près de lui c'était conserver un lien
avec la terre dont il s'éloignait et où il
semblait laisser toute son âme.

Avec quelle douleur il vit fuir à jamais ce
phare qu'il n'espérait plus revoir. Il demeura
longtemps les yeux attachés vers ce point de

l'horizon où il ne distinguait plus rien. Puis, les fonctions dont il avait été chargé à bord, exigeant toute son attention, l'obligèrent à prendre des distractions matérielles qui ne laissèrent pas d'apporter quelque calme à son esprit.

Les connaissances de Pédro furent effectivement fort utiles dans cette traversée, où l'équipage courut plus d'un danger.

Périls de la part de Anglais, périls de la part de divers Corsaires, périls causés par la tempête, Pédro sut tout conjurer avec une habileté, un aplomb étonnant. On reconnaissait alors le marin consommé, à qui toutes les tactiques de l'art militaire et nautique étaient parfaitement familières.

Mais, quand à ces mouvements d'action énergique succédaient des moments de calme et qu'il n'avait plus qu'à se retirer dans sa cabine ou à se promener sur le pont du vaisseau, les douleurs poignantes revenaient

prendre leur place accoutumée dans son
cœur.

Il pensait à sa mère ; il pensait à ces heures
à la fois douces et cruelles, où, cherchant à
se tromper en quelque sorte lui-même, il
avait partagé, extérieurement du moins, les
habitudes pures et calmes d'une famille chrétienne. Et tout cela était évanoui ; ce charme
ne renaîtrait plus.

S'il voulait se réfugier dans la contemplation des éternelles vérités que lui rappe-
laient le firmament étoilé et l'immensité des
mers, des spectres venaient se dresser entre
l'espace et lui.

C'étaient ceux des victimes dont il avait
causé la perte ; de celles dont il avait fait
le malheur. Sans l'ombre douce et pâle de
sa mère, qui semblait encore le bénir, plus
d'une fois il aurait succombé au découragement, qui toujours tentait de s'emparer de
son âme.

C'est alors que l'amitié de Louis lui offrait un soulagement momentané. Le dévouement de ce jeune homme, qui, pour accompagner un malheureux proscrit, dont le sort n'était que trop mérité, s'était éloigné d'une famille à peine retrouvée, avait quelque chose de trop touchant pour ne pas adoucir le cœur le plus ulcéré.

Mais ce n'étaient que des palliatifs, et le mal de Pédro était trop profond pour qu'une main humaine pût le guérir. Et Louis manquait du baume religieux, qui, seul, est puissamment efficace.

« Quel est donc cet Augustin dont parlait ma mère, lui dit un jour Pédro, qui cherchait à s'appuyer sur quelques motifs d'espérance et de pardon?

» — J'ai su sa vie autrefois, dit Louis, et je me rappelle seulement que c'était un grand pécheur, dont les pleurs et les prières de sa mère ont obtenu la conversion, et qui, dans ses écrits et le reste de sa vie, a offert un parfait modèle des plus hautes vertus.

» — Avait-il jamais versé le sang de ses semblables ?

» — Je ne le pense pas.

» — Alors je comprends qu'il pouvait goûter en paix les consolations divines. Mais Dieu doit se détourner avec horreur du meurtrier.

» — Pédro, dit Louis, vous êtes injuste ; je vous aime, moi, malgré votre passé. Pourquoi Dieu ne vous pardonnerait-il pas?

» — Ah! Louis, que tu me fais de bien, s'écria Pédro en l'étreignant dans ses bras. Sois béni pour cette bonne parole! Oui, tu as pitié de moi parce que tu es bon, et le Dieu qui t'inspira cette bonté doit la posséder au suprême degré. »

Tout étonné de se voir ainsi transformé en prédicateur, presque à son insu, Louis, heureux de ce succès, ne passa plus aucun jour sans avoir, avec son ami, quelque en-

tretien qui pût ramener leur foi et leurs espérances.

L'un parlait de souvenir, l'autre d'inspi-
ration. Aucun livre religieux ne se trouvait
à bord pour suppléer le défaut de leurs
lumières. Mais Dieu semblait se trouver au
milieu d'eux, et ces entretiens avaient un
charme inexprimable qui, mieux que toute
autre démonstration, prouvait au criminel que
le Ciel ne lui était pas fermé, puisqu'un de
ses rayons pouvait pénétrer jusqu'à lui.

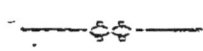

XX

Tourments de l'âme.

LE débarquement des deux amis sur ce
nouveau continent opéra un grand changement dans leur existence. Ne pouvant toujours être occupés au même poste, ils furent
quelquefois forcément divisés.

Plus que jamais ce fut une vie d'action
et de dévouement : c'était celle qui con-
venait à Pédro. Les fonctions les plus pé-
rilleuses étaient celles qu'il acceptait de
préférence. Constamment, on le vit s'appli-
quer à faire prévaloir les projets les plus

conformes à l'humanité et à épargner le sang. L'influence qu'il s'acquérait par ses actions d'éclat et de courage donnait un grand poids à son opinion.

Le sentiment de pénitence dont Pédro était pénétré, le besoin impérieux de réparer ses torts par toutes sortes de bonnes actions le portait à se dévouer en toutes circonstances. Après les batailles, il allait aider à panser les blessés et visitait les malades dans les ambulances. Dans les moments de disette, il se privait volontiers de sa ration pour en faire profiter ses frères.

Marcien, informé par Louis de ces honorables détails, y répondit par une lettre des plus encourageantes. En se voyant si généreusement traité par l'homme qui devait avoir le plus à se plaindre de lui, Pédro sentit encore se raviver dans son cœur l'espoir de l'indulgence divine, qui lui était si nécessaire.

Mais d'un autre côté, quand il réfléchissait
que ces encouragements ne pouvaient être
que l'effet de la pitié et de la charité, et
que l'affection humaine n'y pouvait jamais
avoir aucune part, il s'attristait encore profondément, car cette affection, dont il se
savait indigne, et sans laquelle il était con-
damné à vivre, se présentait parfois à son
imagination avec toute sa douceur, et quand
il considérait qu'il s'en était privé lui-même
dans un temps où il n'en connaissait pas
le prix, il retombait dans une sombre mélancolie.

Cette mélancolie l'envahissait surtout dans
les moments de trève, où ses facultés n'é-
taient pas absorbées par des motifs d'activité extraordinaire.

Pendant un de ces jours de calme où il
était le plus tourmenté par ses pensées, il
céda au désir de se séparer un moment du
corps d'armée dans lequel il servait, pour

s'enfoncer à loisir dans les solitudes sauvages
dont l'aspect semblait convenir si bien à la
disposition de son âme.

Toute la nature est grandiose dans le Nou-
veau-Monde ; les forêts et les lacs, les montagnes et les fleuves, les animaux comme
les végétaux y offrent aussi des proportions
gigantesques ; et l'homme, en face de cette
magnifique exposition de ce qu'a de plus
grand le monde physique, se sent plus petit
et plus humble, accablé qu'il est de la
puissance du Créateur.

En sa qualité de volontaire, n'étant assu-
jetti à aucun règlement, Pédro pouvait, sans
crainte de manquer au devoir, errer à son
aise dans les forêts et dans les savanes. Il y
sentait son irritation se calmer un peu, et se
disait :

« Qu'est-ce que l'homme, ô mon Dieu,
pour attirer vos regards et de quoi puis-je
me plaindre si vous m'abandonnez ? Que de-

vez-vous à cette vile créature qui n'est rien
devant vous, et à plus forte raison que peut
prétendre de vous le plus misérable des pécheurs ? »

« Et cependant, reprenait-il, à cette
créature si petite et comme perdue dans
l'immensité de la création, vous avez fait un
cœur si vaste qu'il ne trouve point ici-bas
d'aliment qui puisse le remplir.

» Longtemps, j'ai cherché à me désaltérer
aux coupes empoisonnées du vice, et, trom-
pant mes besoins, elles ont augmenté ma langueur. Mon mal est devenu presqu'incurable;
comme un lépreux, je suis avant ma mort
retranché de la société des vivants. Je ne la
peux traverser qu'en cachant soigneusement
les horribles blessures de mon âme, et je n'ai
pu chercher à m'y fixer, sans en être bientôt
repoussé comme un être malfaisant.

» La charité et la compassion seules con-
sentent à panser mes plaies. Mais la tendre

intimité qui lie les cœurs innocents doit
m'être à jamais étrangère ; j'ai dédaigné l'a-
mour d'une mère alors que j'en pouvais jouir.
Maintenant jamais sur la terre, je ne peux
recouvrer la paix et le bonheur. »

Puis donnant, sans s'en apercevoir, un
trop libre cours à ses pensées désolantes :

« J'en suis réduit, ajoutait-il, à envier
le chacal du désert ; plus maudit que la bête
féroce, je vis sans affection, tandis que le
tigre a une famille et ses petits viennent le
lécher.

» J'ai mérité mon sort, ô mon Dieu ! Plus
coupable que le tigre, qui n'obéit qu'à l'a-
veugle instinct, j'ai foulé aux pieds les lois
de la nature, il est juste que je ne participe
pas à ses bienfaits.

» Mais que ma vie est lourde à porter !
et jusqu'à quand appesantirez-vous votre
main sur le coupable qui s'accuse ? Quand les
siècles de souffrances que j'endure en mon

cœur m'ouvriront-ils ce ciel où tout est purifié, ce ciel où je dois retrouver une mère qui m'a tant aimé ? »

Pédro put croire que son vœu allait être exaucé, car il y avait longtemps qu'il marchait sans avoir pris aucune nourriture. En s'abandonnant à ses rêveries il s'était égaré dans ces vastes déserts. Il n'apercevait point d'habitation civilisée ni de hutte sauvage; la nuit commençait à étendre son voile ; il tomba d'épuisement au pied d'un arbre.

Le retentissement lointain d'une cataracte, le cri rauque des animaux sauvages, le bruissement des serpents à sonnettes et le murmure des vents formaient un étrange concert. Outre la faim dont il était saisi, la vie de Pédro courait encore plus d'un autre risque.

Incapable d'y échapper et de se mouvoir, Pédro se sentait mourir. Croyant sa dernière heure arrivée, il fit un acte de contrition et de soumission à la volonté de Dieu.

Tout-à-coup, ses yeux troublés crurent apercevoir une lumière à travers les massifs de feuillage.

La lumière s'approcha et laissa distinguer trois voyageurs.

C'étaient un pieux missionnaire et son acolyte, accompagnés d'un indien qui leur servait de guide et qui était venu supplier le *chef de la prière* de se rendre dans sa tribu pour l'évangéliser.

Les voyageurs aperçurent le moribond et cherchèrent à le secourir. Une liqueur spiritueuse commença à ranimer ses forces éteintes.

Une espèce de tente fut dressée par l'indien, et un grand feu allumé; ce feu avait le double avantage d'écarter les serpents et les bêtes féroces, et de réchauffer les membres transis de Pédro.

L'indien fit cuire quelques patates, et,

en attendant ce souper frugal qui devait achever de rétablir Pédro, il commença à s'entretenir avec le missionnaire.

« Ah ! mon père, lui dit-il, qu'avez-vous fait en me rappelant à la vie?

» — Mon fils, lui dit le ministre de Dieu, mon devoir était de vous secourir, le vôtre est de ménager l'existence que Dieu vous a donnée. Tant que Dieu nous laisse en ce monde, c'est que notre mission n'y est pas accomplie.

» — Ma tâche est bien difficile, mais moins qu'un autre j'ai le droit d'en murmurer; les épines qui me déchirent c'est moi qui les ai semées.

» — Vous n'êtes pas le seul qui souffrez, mon enfant.

» — Non, mais je souffre seul.

» — Vous vous trompez, le Seigneur est avec vous, il compte toutes les pulsations de votre cœur, il entend les gémissements

les plus secrets de votre âme. Encore un
peu de courage et nous atteindrons la récompense promise. »

XXI

Motifs d'encouragement.

MOITIÉ par curiosité, moitié par entraî-
nement, Pédro accompagna le missionnaire
dans son excursion et ne put voir sans admi-
ration les fatigues et les vicissitudes auxquelles se condamnait cet homme élevé dans
les habitudes de la civilisation européenne.
Il le voyait manger du poisson cru, des
tronçons de reptile grillé, d'autres mets et
boissons apprêtés d'une façon plus dégoû-
tante les unes que les autres, le tout pour
complaire à de misérables sauvages, qu'il

n'avait d'autre motif de flatter que celui de les porter à Dieu.

Son étonnement fut plus grand encore quand il apprit que cet homme qui se réduisait à une vie si pénible avait eu le choix d'une vie extrêmement heureuse selon le monde, et qu'il l'avait dédaignée pour les fonctions les plus difficiles du service de Dieu.

Il en conclut que ce devait être quelque grand coupable comme lui, et qui, plus courageux, embrassait avec ardeur la plus rude des expiations.

Mais sa surprise ne connut plus de bornes lorsqu'après avoir questionné le catéchiste qui servait d'aide au missionnaire et qui était attaché à sa personne depuis son enfance, il apprit que ç'avait toujours été un homme pur et vertueux, et que la seule passion de la gloire de Dieu et de l'amour de l'humanité avait déterminé sa vocation.

Il s'était arraché à la tendresse de ses parents, non par indifférence, mais avec leur bénédiction, pour aller conquérir le salut et le faire rejaillir sur eux. -

Lui aussi était seul au monde, lui aussi n'avait de biens terrestres que ceux que lui imposait la charité !

Pédro ouvrit son cœur tout entier à ce digne missionnaire qui lui donna, au nom du Seigneur, le baiser de paix.

«Mon fils, lui dit-il, après l'avoir confessé, le Publicain qui s'avoue coupable est plus agréable aux yeux de Dieu que le Pharisien qui se confie en l'apparente sainteté de sa vie.

» Les hommes sont inexorables pour des fautes du genre des vôtres ; mais le Ciel a déjà prononcé votre absolution.

» Là il y aura plus de joie pour un pécheur qui aura fait pénitence que pour quatre-vingt-dix-neuf justes qui n'en ont pas eu besoin.

» Encore un peu de courage, mon fils, vous touchez au terme de la carrière.

» Et quand elle est parcourue, qu'importe alors la route qu'on a suivie si l'on arrive heureusement au but?

» Ces affections, mon fils, que vous regrettez et qui eussent pu être votre partage si vous aviez toujours marché dans l'innocence, croyez-vous donc qu'elles eussent été exemptes d'épines?

» Cette famille, que vous enviez, et où vous eussiez tant désiré pouvoir vous fixer n'a-t-elle pas aussi ses croix?

» Tout n'est-il pas mêlé d'affliction sur la terre, excepté la ferme espérance du bonheur des saints?

» Remerciez Dieu, mon fils, de vous avoir révélé ce bonheur au milieu de vos désordres, et d'avoir mis un océan d'amertume entre vous et tout ce qui aurait pu en détourner vos regards.

» Les maux qu'on souffre pour ses péchés

sont plus désirables que le calme trompeur
où peut s'endormir l'âme coupable. »

Pédro revint avec un nouveau courage re-
prendre la suite des devoirs dont il s'était
chargé ; et, si l'on vit encore la tristesse
faire le fond de son caractère, au moins ne
put-on plus lui reprocher de se laisser aller
au découragement.

Deux années plus tard, cette guerre était
heureusement terminée. Les Américains
avaient conquis leur indépendance et les
Français y avaient glorieusement contribué.
Maintenant ils pouvaient retourner dans leurs
foyers ; la plupart se disposaient à partir ;
quelques-uns songeaient à s'établir dans une
contrée où ils étaient vus si honorablement
et où l'on pouvait se promettre autant de
prospérité que de raisonnable liberté.

Fatigué de la vie errante, Louis ne pensait plus qu'à retourner au sein de sa famille. Pédro, s'il n'eût suivi que les sym-

pathies secrètes de son cœur n'eût aspiré
qu'à le suivre. Mais que faire dans un pays
où il ne pouvait qu'être odieux, sinon y
raviver ses plus déchirants souvenirs !

Mais aussi, rester seul sur la terre étrangère ; voir s'éloigner Louis, son unique consolation ; cultiver, exercer le négoce, dans
quel intérêt ? en faveur de qui ?

L'idée lui vint de nouveau de s'enrôler dans
une de ces congrégations de pénitents qui
trouvent un appui dans leur fraternité, un
encouragement mutuel dans leurs pénibles
exercices.

Communiqué au missionnaire en qui Pédro
avait mis toute sa confiance, ce projet fut
examiné par lui avec tout le sang-froid du
désintéressement et de l'expérience. Le résultat de cet examen, conforme à l'opinion
que Marcien avait jadis exprimée, fut que
l'âme ardente de Pédro, peu propre à supporter sans inconvénients le calme régulier

de la vie monastique, aurait moins à souffrir parmi les vicissitudes d'une existence mêlée de fatigues et de dangers qui fourniraient au moins un aliment matériel à son activité.

Une circonstance imprévue vint trancher la question en offrant à Pédro non une profession, mais des fonctions temporaires à remplir qu'il ne put se dispenser d'accepter.

Le capitaine Morhaert, commandant la corvette qui avait amené les deux frères d'armes en Amérique, s'apprêtait à retourner en France, lorsque sa santé, devenue tout-à-coup très-mauvaise, donna lieu de craindre qu'il ne fût hors d'état de s'acquitter de son commandement.

Il était d'autant plus tourmenté qu'il n'y avait personne à son bord en état de le suppléer. Il s'était bien trouvé des talents de Pédro, durant la première traversée, ils lui auraient été encore plus nécessaires pour le retour.

Louis, sachant que son camarade, quoique disposé à rester en Amérique, n'avait pas encore de parti arrêté, l'engagea à céder aux désirs du capitaine, désirs qui devenaient une nécessité ; le missionnaire vit en ceci une manifestation de la volonté divine, et Pédro, qu'un faible attirait vers l'Europe, ne résista pas longtemps à la violence qui lui fut faite.

« Allez, mon fils, lui dit le missionnaire, souvenez-vous de vos résolutions. Soutenez courageusement les épreuves qu'il vous reste à subir, et sachez bien que, mieux vous saurez les supporter, plus tôt le Ciel permettra qu'elles soient terminées. »

XXII

Retour.

Pendant toute la traversée ; M. Morhaert, toujours fort souffrant, ne fut capitaine que de nom ; ce fut Pédro qui en remplit réellement toutes les fonctions dans lesquelles il déploya constamment un zèle et une capacité dignes de tout éloge, joints à une déférence qui le portait à soumettre tous ses avis au jugement du capitaine, dont il ne se reconnaissait que le délégué.

La distinction dont il était l'objet déplut souverainement à un officier qui croyait y

avoir tous les droits, quoique tout-à-fait incapable. C'était un être vantard, jaloux et
méchant; comme il était fort intrigant, il
s'était fait quelques protections, et M. Morhaert, qui ne l'estimait pas du tout, avait été
forcé récemment de le recevoir à son bord.

Malheureusement, cet homme que nous
dépeignons si détestable, sans avoir à nous
reprocher de charger le tableau, se trouvait
être précisément le même que nous avons
vu, deux années auparavant, dans la société
de Mme Vandenberghe, dénoncer par de vils
motifs d'intérêt personnel les fâcheux antécédents de Pédro dont il avait été l'obligé.

La main de Camille qu'il avait osé demander peu de temps après, lui ayant été
refusée, il en avait conçu une haine plus profonde envers celui dans lequel, malgré sa
disgrace, il croyait voir encore un rival
préféré.

Il eut bientôt reconnu ce rival dans l'in-

térimaire qui lui parut usurper ses droits
au commandement de la corvette et se pro-
mit bien, pour se venger, de le perdre dans
l'esprit de tout l'équipage.

N'osant l'attaquer directement auprès du
capitaine, qui savait à quoi s'en tenir et
l'aurait remis à sa place, ce fut auprès de
ses collègues et de ses subordonnés qu'il
chercha à noircir Pédro ; bientôt tous furent
dans la confidence de ce qu'il y avait de
moins honorable dans les antécédents de ce
dernier, et l'esprit général d'insubordination
envers lui ne manqua pas de s'ensuivre.

Le sentiment du devoir obligea Pédro de
sévir avec fermeté contre cette disposition
à l'indiscipline ; mais bientôt des propos
ouvertement insolents lui en révélèrent la
cause. Son sang bouillonna dans ses veines ;
il se contint néanmoins, réfléchissant que
c'était une des humiliations qui lui étaient
dues ; mais les nécessités du service exigeant

le respect dû à l'autorité, il alla trouver le
capitaine et voulut se démettre entre ses
mains d'un pouvoir dont on lui rendait
l'exercice impossible.

Le capitaine ne voulut point accepter cette
démission; il comprit d'où partait le coup,
et résolut d'y mettre bon ordre.

Tout souffrant qu'il était, il se fit transporter sur le pont du vaisseau, et, ayant fait
assembler l'équipage :

« Messieurs, leur dit-il, j'apprends avec
surprise et douleur que vous avez perdu jusqu'au respect pour moi dans le choix que
j'ai cru devoir faire de l'un de vous pour
vous gouverner à ma place.

» Il faut que je vous répète, messieurs,
que je ne connais pas une personne plus
digne et plus capable de remplir cette fonc-
tion que M. Pédro Henderick.

» Je sais qu'on a voulu élever dans votre
esprit des soupçons sur sa moralité; mais

celui qui a cherché à les faire naître serait
peut-être encore plus embarrassé de justifier
la sienne.

» Les antécédents de mon délégué me
sont parfaitement connus, et les excès d'une
jeunesse orageuse sont suffisamment rachetés
à mes yeux par une suite de nobles actions,
qui, depuis, l'ont couvert de gloire. On ne
peut pas en dire autant de celui qui a voulu
tenter de l'avilir.

» Si vous continuez à montrer plus de
confiance dans les rapports d'un homme peu
digne de votre estime que dans les garanties
de votre vieux capitaine, qui se connaît en
honneur, je vous avertis, messieurs, que je
serai obligé d'user de rigueur envers ceux
d'entre vous qui se montreraient récalci-
trants ; car rien ne me fera changer mes dispositions.

» — Vivé notre capitaine, s'écrièrent
toutes les voix excepté une ; vive Pédro Hen-

derick; à bas les sournois et les traîtres! »

L'équipage, qui, au fond, aimait Pédro et estimait ses talents, lui fut, dès ce moment, entièrement dévoué, et plus d'un sarcasme fit payer au délateur sa méchanceté.

Au lieu de s'amender, et malgré les bons procédés de Pédro envers lui, ce dernier, tout-à-fait aigri, devint de plus en plus intraitable, et M. Morhaert, fort ennuyé, se vit forcé, pour avoir la paix, de le mettre aux arrêts pour le reste de la traversée.

Pédro demandait sa grace; mais bien loin de lui en savoir gré, son ennemi, le regardant comme la cause de sa captivité, ne s'y rendit qu'en le menaçant du poing et déclarant qu'il se vengerait.

Il est des hommes vils, que les bons procédés ne touchent pas, et qui s'irritent contre les âmes généreuses qui leur veulent du bien, semblables à la vipère qui déchirent le sein qui l'a réchauffée. Le misérable,

dans le silence de la solitude, se livrait à
toutes les noires pensées qui se présentaient
à son esprit et couvait d'horribles desseins.

XXIII

La vue du port.

On touchait au terme du voyage, et, sauf les incidents dont nous avons fait mention, la traversée avait été parfaitement heureuse. Déjà l'on pouvait entrevoir le port, et le capitaine Morhaert, dont la santé était de plus en plus chancelante, désira ardemment se faire transporter à terre, en attendant que son navire, qui avait jeté l'ancre à peu de distance, put profiter d'une marée favorable pour entrer dans le port.

Louis, empressé aussi de revoir sa famille,

accompagna le capitaine, qui se trouva mieux
dès qu'il fut débarqué. Après avoir embrassé
ses parents, heureux de le revoir et d'entendre le récit succinct de ses aventures,
liées à celles d'une personne à laquelle on
ne pouvait s'empêcher de s'intéresser, quoiqu'on évitât de la nommer, le jeune Vandenberghe dût encore un moment s'arracher de
leurs bras pour retourner au bâtiment porter
quelques ordres dont M. Morhaert l'avait
chargé.

Laissons-le s'avancer à force de rames vers
la corvette qui était restée en rade, et voyons
ce qui, durant son absence, s'était passé
sur ce bâtiment.

Pédro continuait à remplir les fonctions
dont l'avait investi le capitaine, et, depuis
le débarquement de ce dernier, s'y trouvait
maître encore plus absolu. Le premier usage
qu'il fit de ce pouvoir illimité fut de rendre
la liberté à l'officier que son chef avait mis

aux arrêts, ce dont il regrettait d'avoir été l'occasion bien involontaire.

La captivité de cet officier ne lui avait pas, comme nous l'avons dit, inspiré de meilleures dispositions; au contraire, cette punition avait enflammé sa rage. Il sentait qu'il s'était gravement compromis et que le capitaine ne manquerait pas de faire un rapport très-défavorable sur son compte. Déçu dans ses intrigues et dans son ambition, il se livra aux fureurs aveugles d'une implacable vengeance.

Dans ces horribles plans, il aurait voulu non-seulement anéantir Pédro, mais encore envelopper dans sa destruction tout l'équipage pour prix des dédains qu'il en avait recueillis, au lieu de la suprématie à laquelle il visait.

Alors l'esprit du mal lui suggéra un projet infernal, atroce.

La générosité de Pédro envers lui en hâta l'exécution.

Après avoir donné l'ordre de la mise en liberté de cet homme, Pédro se promenait sur le pont, songeant à la chère patrie dont les côtes étaient proches, et dont l'abord lui causait les émotions les plus vives.

Il pourra donc aller pleurer encore sur le tombeau de sa mère, revoir la petite chambre où elle a rendu le dernier soupir, aller porter ses prières, ses regrets, ses vœux, dans cette chapelle des Dunes, où tant de fois la bonne *Milje* avait adressé à Dieu de ferventes supplications pour ce fils qu'elle aimait d'un si vif amour et qu'elle avait pu bénir avant de quitter la terre.

Et puis où portera-t-il ses pas?

Il le demandera à Dieu, et Dieu sans doute le lui indiquera.

Il dit à un matelot de monter sur la grande hune et de lui signaler les points de la ville chérie qu'il pourrait découvrir.

« Je vois, dit le matelot, d'abord le

phare ; plus loin la grosse tour de la ville ;
à côté, le sommet de la grande église et
non loin, le clocher de la petite.

» — Et à peu de distance au-delà, dit
Pédro, n'aperçois-tu pas une maison dont
la façade noirâtre et le toit à pignon attestent
l'antiquité, une de ces maisons dont les
murs extérieurs pourraient se prendre pour
ceux d'un cloître ?

» — Je crois la voir, » dit le matelot,
soit qu'il l'aperçût réellement, soit qu'il le
dît ainsi pour complaire à son maître.

« Hélas ! pensa Pédro, là j'aurais pu
trouver la paix et le bonheur, si mes crimes
ne m'en avaient fait justement bannir ; mais
vous, ô mon Dieu, prenez pitié de votre
pauvre créature et donnez à l'exilé repentant
une place dans votre propre demeure ! »

Le canot qui portait Louis s'approchait
alors du vaisseau et n'en était plus qu'à
une petite distance. On allait enfin se réunir ;

on allait s'entretenir de la ville natale, de la famille, pour laquelle on avait conçu une si grande estime et un si profond attachement; on allait parler de l'avenir, qui se montrait enfin plus riant.

XXIV

Mort de Pédro.

Au moment même où Pédro venait d'exprimer les sentiments de son âme par les
touchantes paroles que nous avons rappor-
tées, le misérable, qùi guettait sa proie,
jugeant le moment favorable pour assouvir
sa vengeance, s'élança sur lui ; et, le saisissant à l'improviste, l'entraîna avec lui dans
la mer.

Les matelots, terrifiés par cet affreux évènement, poussèrent un cri d'horreur. Plusieurs n'écoutant que le mouvement du cœur,

s'élancèrent dans les flots, pour arracher
à la mort leur généreux capitaine; d'autres
jetèrent des planches, des cordages, en
hélant de toutes leurs forces le canot qui
portait Louis, et qui cinglait à toutes rames
au navire.

Louis avait pressenti la catastrophe. Debout dans le canot, les yeux dirigés vers
le vaisseau qui ramenait dans la patrie son
ami et son bienfaiteur, il avait aperçu ces
deux hommes se précipitant dans la mer,
puis le dévouement des autres; puis l'agitation qui régnait sur le pont.

Quelques mots que lui envoya le porte-
voix lui révélèrent toute l'étendue du malheur, et il fit gouverner, avec toute la vitesse
des rames, vers l'endroit où on apercevait
les corps, devenus le jouet des vagues.

Cependant Pédro, retrouvant en face du
péril toute l'énergie de son caractère et la
force prodigieuse dont il était doué, s'était

débarrassé des étreintes du perfide, qui
avait juré sa perte, et il avait lutté, pendant
assez long-temps, contre les flots qui le
repoussaient loin du navire. Exténué, il était
sur le point de succomber; une manœuvre
audacieuse et inspirée par un héroïque dévouement vint, au risque d'être engloutie,
placer sous le vent la fragile barque, afin
de pouvoir recueillir le corps de Pédro
qu'on voyait opposer à un suprême effort
la vague. Dès qu'on fut à portée, une corde
fut jetée à la mer; et les mains d'Henderick eurent assez de force pour la saisir
et s'y cramponner. Il était temps; quelques
minutes plus tard, on n'eut plus ramené
qu'un cadavre.

Il est impossible de peindre la joie et le
bonheur de Louis, lorsqu'il put déposer sur
le canot son cher Pédro; il saisissait avec
transport ses mains froides et crispées, il
couvrait son visage de baisers et de larmes;

et, partagé entre la crainte et l'espérance,
il paraissait attendre, comme un arrêt de vie
ou de mort, que cet ami si cher donnât
quelque signe de présence. Aussi, lorsqu'il
vit les yeux de Pédro s'ouvrir et son regard
se fixer sur lui, il ne put contenir l'élan
de son âme.

« Il respire !.... Il vit !.... s'écria-t-il;
mes amis, prodiguons-lui tous nos soins et
transportons-le sur le navire. »

Hélas ! la joie devait être de courte durée;
à peine Pédro eut-il été placé sur le pont
qu'un refroidissement général se répandit sur
tout son corps et qu'un frisson mortel courut
sur tous ses membres; on eut beau le fric-
tionner, le couvrir et lui administrer tous
les réactifs dont on pouvait disposer, rien
ne put ramener la chaleur dans ce sang
glacé.

Pédro n'avait jusque-là pas proféré une
seule parole; mais, tout-à-coup, ouvrant

ses grands yeux, il fit un léger signe pour appeler Louis plus près de ses lèvres mourantes ; il voulait parler :

« Ma mort est une expiation, dit-il à voix basse ; je l'offre à Dieu en réparation de tant de crimes que j'ai commis.... Louis, prie pour moi et assure tes excellents parents que je dois le calme de mes derniers moments aux bons exemples qu'ils m'ont donnés..... »

Puis, sa main fit un mouvement vers sa poitrine. Louis le comprit ; il demandait un petit Crucifix que, depuis son entrevue avec le missionnaire, il portait sur son cœur.

Pédro jeta un dernier regard sur l'image sacrée du Rédempteur, et retrouvant, dans ce moment solennel, une force presque surhumaine :

« Je pardonne, dit-il d'une voix ferme, je pardonne à l'auteur de ma mort ; par-

donnez-moi mes péchés, ô Divin Sauveur
Jésus !...: »

Ce furent là ses dernières paroles; ses
yeux se fermèrent; son cœur cessa de battre;
Pédro Henderyck avait quitté cette terre
d'exil, où il avait été ballotté par tant d'o-
rages et tout faisait espérer qu'après une
existence si agitée, son âme était arrivée
au port.

Louis était inconsolable; il ne pouvait se
séparer de la dépouille mortelle de son ami.
Ses larmes étaient taries; il restait près de
lui, dans un état de prostration effrayant,
paraissant insensible à tout et étranger à
ce qui se passait autour de lui.

On ramena le corps dans la ville; et la
famille Vandenberghe le reçut comme celui
d'un fils, d'un frère chéri. On fit célébrer
un service solennel dans la chapelle de Notre-
Dame des Dunes, et de larges distributions
furent faites aux pauvres. Puis la dépouille

-mortelle de Pierre Henderyck fut déposée
près de celle de sa bonne mère, la respectable et pieuse Mitje, qui avait tant prié pour
le salut de son fils.

L'ancien pirate fut pleuré long-temps par
Mme Vandenberghe et ses enfants; on ne se
-souvenait plus que des grandes qualités du
défunt, et ses malheurs avaient expié toutes
ses fautes.

Les richesses léguées par Pédro furent
uniquement employées à des fondations cha-
ritables et pieuses. Ceux qu'il avait tant aimés
ne voulurent garder de lui que son souvenir
-uni à toutes leurs prières.

Camille ne put jamais consentir à se ma-
-rier; elle soigna les infirmités de sa vieille

mère, et après l'avoir perdu resta là compagne de Marcien ; tous deux, ne tenant à la terre que par l'exercice de la charité, attendaient avec résignation l'heure qui devait les réunir à ceux qui les avaient précédés dans la céleste patrie.

Louis, échappé par une disposition miraculeuse de la Providence à tous les dangers, qui avaient marqué son existence, sentit se renouveler plus vif que jamais le désir qu'il avait conçu de devenir un parfait chrétien pour reconnaître toutes les graces que Dieu lui avait faites. Renonçant pour toujours à la vie aventureuse à laquelle il avait assez sacrifié, il céda au vœu de sa mère et à un sentiment de reconnaissance en épousant la fille du capitaine Morhaert. Cette époque de son mariage fut celle d'un sérieux et durable retour à la foi de ses pères et de sa jeunesse ; il éleva ses enfants dans les mêmes principes ; c'est un héritage qu'aucune ré-

volution ne put leur enlever et qui les aida
à supporter courageusement les vicissitudes
de celles qui devaient suivre.

FIN.

TABLE

FIN DE LA TABLE.

— Lille, Typ. L. Lefort. 1851. —

BIBLIOTHÈQUE

HISTORIQUE ET MORALE.

91 vol. in-12 avec fig.

CHARMES DE LA SOCIÉTÉ DU CHRÉTIEN, par l'auteur de *René*.

CLOTILDE, ou le Triomphe du Christianisme chez les Francs.

CORRESPONDANCE DE FAMILLE sur le choix des amis, etc.

DOM LÉO, ou le pouvoir de l'amitié, par l'auteur de *Lorenzo*.

DRAMES à l'usage des collèges et des pensionnats.

EDMOUR ET ARTHUR, par l'auteur de *Lorenzo*.

EPREUVES (les) DE LA PIÉTÉ FILIALE, par le même.

EUGÉNIE DE REVEL, souvenirs des dernières années du 18.ᵉ siècle.

FAMILLE (la) LUZY, par Henri Marg.***

FERNAND ET ANTONY; épisode tirée de l'hist. d'Alger.

FOI (la) L'ESPÉRANCE ET LA CHARITÉ, par M. L. B.

FRÉDÉRIC, ou l'amour de l'argent, par Mᵐᵉ Césalie Farrenc.

GILBERT ET MATHILDE; épisode de l'hist. des crois.

HENRI DE FERMONT, ou la sévère leçon.

HISTOIRE D'ANGLETERRE.

HISTOIRE DE BOSSUET, par F. J. L. 2ᵉ édition.

HISTOIRE DE DU GUESCLIN, par ***

HISTOIRE DE FÉNELON, par F. J. L. 3ᵉ édition.

HISTOIRE DE FRANÇOIS Iᵉʳ, roi de France.

HISTOIRE DE GODEFROI DE BOUILLON, suivie de l'histoire des Croisades.

VIE PRATIQUE DE S. ALPHONSE DE LIGUORI, par
M. l'abbé Gillet.

VIE PRATIQUE DE S. LOUIS DE GONZAGUE, par
le même.

VISNELDA, ou le Christianisme dans les Gaules, par
Mme V. M***

VOYAGE A HIPPONE, au commencement du 5e siècle.

VOYAGE AUX PYRÉNÉES, par l'auteur du *Retour
des Pyrénées.*

VOYAGES AUX MONTAGNES ROCHEUSES, par le
P. de Smet.

VOYAGE SUR LA MER DU MONDE, orné d'une carte
allégorique.

YOULOFI (les) ; histoire par M. de Préo.

———◇———

2me série. — 31 vol. in-12 avec fig.

AFRIQUE (l'), d'après les voyageurs les plus célèbres.

AMÉRIQUE (l'), d'après les voyageurs les plus célèbres.

ASIE (l'), d'après les voyageurs les plus célèbres.

DÉCOUVERTES les plus célèbres et les plus utiles.

OCÉANIE (l'), d'après les voyageurs les plus célèbres.

ORPHELINS (les), ou les deux adoptions.

TROIS (les) COUSINS.

UNE HISTOIRE CONTEMPORAINE.

VIE DE M. DE LA MOTTE, évêque d'Amiens.

VIES DE S. BERNARD, DE S. DOMINIQUE, etc.

————o‑O‑o————

ŒUVRES COMPLÈTES

DE

CHANOINE SCHMID

14 beaux vol. in-12 ornés de 45 gravures sur acier.

CENT QUATRE-VINGT-DIX CONTES pour le jeune âge.

CLARA, suivie de Geneviève et Angélique.

DEUX (les) FRÈRES, précédés de la Corbeille de fleurs.

FERNANDO; précédé du Melon et du Rossignol.

FRIDOLIN ET THIERRY.

GEOFFROI, suivi de 4 autres nouvelles.

GUIRLANDE (la) DE HOUBLON, suivi de 7 autres nouvelles.

HENRI D'EICHENFELS, suivi de 4 autres nouvelles.

JOSAPHAT, précédé des Pierres fines et de Titus.

MEILLEUR (le) HÉRITAGE, suivi d'Anselme et d'Eustache.

www.ingramcontent.com/pod-product-compliance
Lightning Source LLC
Chambersburg PA
CBHW071945090426
42740CB00011B/1830